AF641959

Kastanien

ERICA BÄNZIGER FREDY BURI MARCO CONEDERA CARLO SCHEGGIA

FONA

Zweite Auflage 2020

© 2016 Fona Verlag AG, 5600 Lenzburg
www.fona.ch

Lektorat
Léonie Schmid

Korrektorat
Susanne Zumsteg

Gestaltung
FonaGrafik, Lea Spörri

Foodbilder
Andreas Thumm, Freiburg i. Br.

Bilder Einführung
Patrik Krebs, Eidg. Forschungsanstalt WSL Cadenazzo

Einführung (Text Seiten 14–27)
Marco Conedera, Eidg. Forschungsanstalt WSL,
Forschungsgruppe Insubrische Ökosysteme, Cadenazzo

Carlo Scheggia, forestale/castanicoltore, Dipartimento del Territorio
del Canton Ticino, Sezione Forestale Cantonale, Settore Malcantone, Muzzano

Druck
Druckerei Himmer GmbH, Augsburg

ISBN 978-3-03780-606-7

Vorwort

Bäume haben mich schon in der Kindheit fasziniert. Sie faszinieren mich auch heute noch. Neben den knorrigen Olivenbäumen sind es vor allem die mächtigen Edelkastanienbäume, die eine magische Anziehungskraft auf mich ausüben. Während meiner Lehr- und Wanderjahre im Tessin begegnete ich ihnen auf Schritt und Tritt. Und heute als Wahltessinerin gehören sie zu meinem Alltag. Und die Faszination ist ungebrochen. Ihre schmackhaften Früchte haben mich immer wieder inspiriert, neue Köstlichkeiten auszuprobieren. Vielleicht gerade deshalb, weil ich weder Vermicelles noch glasierte Kastanien mit Rotkraut besonders gerne mochte. Die gelungenen Kreationen haben mich angespornt, immer wieder neue Kastanienrezepte auszutüfteln. Fündig geworden bin ich aber auch in alten Büchern und als Gast bei Tessiner Familien, die ihre traditionellen Gerichte in Ehren halten. Wo nötig, habe ich die überlieferten Rezepte heutigen Erkenntnissen einer gesunden Ernährung angepasst oder Neues kreiert.

Die einst fast vergessene Kastanienkultur erlebt seit einigen Jahren wieder eine erstaunliche Renaissance. Sie hat aber längerfristig nur Bestand, wenn wir den großen Nähr- und Gesundheitswert der Kastanie schätzen und sie regelmäßig in den Speiseplan integrieren. Dies gilt insbesondere für die im Tessin geernteten Früchte. Wir unterstützen damit die Kleinbauern in den zum Teil abgelegenen Tälern.

Die Anstrengungen für eine Wiederbelebung der Tessiner Kastanienkultur haben seit dem Erscheinen des ersten Kastanienkochbuches im Jahre 1996 deutlich zugenommen. Die Selven, wie man die Kastanienhaine nennt, werden seither an vielen Orten wieder gepflegt, neue angelegt und vor allem regelmäßig fachgerecht gepflegt. Denn nur so darf man eine gute Ernte erwarten, bei guter Gesundheit der Bäume. Die Gesundheit der Bäume wird immer wieder von Schädlingen beeinträchtigt. Der Kastanienbaum hat sie bis heute ohne größere Schäden überstanden respektive sich wieder erholt, was seine starke Lebenskraft beweist.

Sehr eindrücklich kann man die Bemühungen um den Erhalt einer einzigarten Kulturlandschaft bei einer Wanderung durch die Kastanienwälder im Malcantone erleben. Der dort zuständige Revierförster Carlo Scheggia war damals maßgebend beteiligt und ist inzwischen ein guter Freund von mir. Auch Marco Conedera, Forstingenieur vom WSL in Cadenazzo, setzt sich für den Erhalt der Kastanienkultur im Tessin ein. Ihnen beiden danke ich von Herzen für die Mitarbeit am vorliegenden Buch. Ich habe von den beiden Fachleuten viel Neues über die Kastanien erfahren, was meine Begeisterung für das natürliche, gesunde Lebensmittel noch einmal vergrößerte.

Erica Bänziger

Inhaltsverzeichnis

Desserts

Gebäck

Falls nicht anders erwähnt, sind die Rezepte für 4 Personen berechnet.

Abkürzungen

EL = gestrichener Esslöffel
TL = gestrichener Teelöffel
dl = Deziliter
ml = Milliliter
l = Liter
Msp = Messerspitze

Einführung

Der Wert des Kastanienholzes

Es gibt mehrere Gründe, weshalb aus der Kastanie «der Baum» für den Menschen geworden ist. Die Kastanie ist nicht nur als Lebensmittel interessant, sondern hat auch aus ökologischer und waldbaulicher Sicht Vorteile. Beispielsweise ist die Kastanie der Eiche sowohl in der Ausschlagsfähigkeit als auch in der Wuchskraft in höheren Lagen (bis 1000 m ü. M.) auf Silikatgestein überlegen.

Mit der Edelkastanie wird im Niederwaldbetrieb Bau- und Brennholz produziert. Diese Stockausschlagwälder werden in einem Turnus von 15 bis 35 Jahren geerntet und liefern Schwachholz-Sortimente für Balken, Stangen und Pfähle.

Das Kastanienholz ist fest und mittelschwer und hat einen hohen Gerbstoffgehalt (Tannin). Zudem verfügt es über einen natürlichen Pilzschutz, der ihm eine große Wetterbeständigkeit gibt, ohne dass das Holz eine chemische Imprägnierung braucht. Dank diesen hervorragenden Eigenschaften ist das Kastanienholz schon in der Römerzeit für Konstruktionen im Freien verwendet worden. Später entstanden aus dem Kastanienholz Möbel, Träger- und Dachelemente für den Hausbau und für den Außenbereich Telefonstangen und temporäre Lawinenverbauungen. Auch die Schindeln aus Kastanienholz sind ein begehrtes Produkt. Die Elastizitätseigenschaften des Kastanienholzes erlauben die Herstellung verschiedenster Geräte für den täglichen Gebrauch, etwa von Tragkörben und Fässern. Unter Wasser wird das Holz besonders hart und fest. Auch aufgrund der großen Reichweite kam es zu speziellen Einsätzen, so in der traditionellen auf der Alpensüdseite noch im Einsatz stehenden Hebelpresse: Der mächtige 10 m lange Hebelarm aus Kastanienholz hat einen Querschnitt von bis zu 1,2 m^2.

Leider besteht beim Kastanienholz das Problem der Ringschäligkeit: Das Holz hat die Tendenz, sich während der Trocknungsphase entlang des Jahrrings und nicht entlang der Markstrahlen zu spalten. Das führt zu einer beträchtlichen Entwertung des Holzes, weil es als Sägeholz ungeeignet ist. Neue Forschungsergebnisse haben aber gezeigt, dass bei geeignetem Standort mit einem schnellen Wachstum, kombiniert mit waldbaulichen Pflegemaßnahmen, das Auftreten der Ringschäligkeit reduziert und Qualitätsholz auch aus Kastanienniederwald produziert werden kann.

Verwittertes Kastanienholz gewinnt an künstlerischem Wert.

Der Kastanienwald als Erlebnis: Kultur, Ökologie, Biodiversität

Der Besucher, der in den Kastanienhainen spaziert, spürt die lange Tradition und die Geschichte der Kastanienwälder, die einen charakteristischen Bestandteil der Kulturlandschaft darstellen. Gepflegte Kastanienhaine können Komponenten des Waldes (alte, veredelte Bäume mit sehr vielen toten Partien und inneren Höhlen) und der Landwirtschaft (Wiesen und offene Stellen zwischen den Fruchtbäumen mit vielen verschiedenen Blumen und Gräsern) haben. Bewirtschaftet werden sie von Bauern, die ihre Tiere (Vieh, Ziege, Schaf, Esel) weiden lassen, das Gras mähen, die Kastanien ernten und im Winter die Bäume pflegen und am Boden nach der Ernte verbleibende Igel und Streu entfernen. Es handelt sich um Mehrzweck-Ökosysteme, die sowohl einen kulturellen Wert als auch landwirtschaftliche, landschaftliche, touristische und sehr wichtige ökologische Funktionen übernehmen. Es ist erwiesen, dass solche Mischökosysteme mit alten Bäumen und offene Stellen einen vorzüglichen Lebensraum für seltene Vogel-, Fledermaus- und Wirbellosarten darstellen, die diese einmalige Kombination von Holz- und Wiesenkomponenten in ihrem Lebenszyklus brauchen. Bei den Vögeln sind es zum Beispiel der Hausrotschwanz, der Gartenrotschwanz, der Kernbeisser, der Gimpel, der Italiensperling, die Bachstelze, der Girlitz, der Grünspecht, die Gartengrasmücke, der Stieglitz, die Mehlschwalbe, der Pirol, der Zippammer, der Grauschnäpper und die bedrohten Halsbandschnäpper und Wendehals. In einer gepflegte Selve halten sich gerne Fledermäuse auf, vor allem die Rauhautfledermaus, die Weißrandfledermaus, der kleine Abendsegler, die eigentliche Zwergfledermaus, die Mückenfledermaus und die Alpenfledermaus.

Die Fauna und Flora auf der Alpensüdseite kann der Besucher selber erkunden, insbesondere auf den offiziellen Kastanienwegen wie denjenigen im Malcantone und im Bergell, die mit Erklärungstafeln versehen sind. Mehr Infos, Seite 134.

Kastanienbaum mit toten Kronenpartien, die auf wiederholten Kastanienrindenkrebsbefall zurückzuführen sind. Tote Baumpartien stellen ideale Lebensbedingungen für Fledermäuse und andere Lebewesen dar.

Was ist eine Kastanie, was eine Marroni?

In der deutschen Sprache führen Rosskastanie, Esskastanie und Marroni oft zu Unklarheiten.

Die Rosskastanie (wissenschaftlich Aesculus hippocastanum L.) ist ein Paradebeispiel für sogenannte unechte Verwandte, das heißt für Arten, die volkstümlich ähnlich heißen, aber botanisch nichts miteinander zu tun haben. Die Gattung Aesculus, welcher rund 16 Arten angehören, gehört in der Tat zur Familie der Hippocastanaceae und nicht wie die Gattung Kastanie (Castanea) zu den Fagaceae (Buchengewächs). Ursprünglich im Gebirge des Balkans heimisch, wurde die Roßkastanie im 17. Jahrhundert als Zierbaum in Zentraleuropa eingeführt.

Der Gattung Kastanie gehören etwa 10 Arten an, die auf allen Kontinenten der Nordhemisphäre verteilt sind. Die Esskastanie (Castanea sativa Mill.) ist die einzige Art, die in Europa heimisch wurde. Sie wird deshalb auch Europäische Kastanie genannt. Durch die Kultivierung wurden während Jahrhunderten auch verschiedene Kastanienfruchtsorten selektioniert, darunter eine besondere Sippe von Edelsorten, die Marroni heißt. Sowohl die wilde (nicht veredelte) Edelkastanie wie auch die Kastanien- und Marronisorten gehören zur gleichen Gattung der Esskastanie (Castanea sativa Mill.). Alle sind essbar, haben aber verschiedene Verwendungs-, Koch- und Geschmackseigenschaften. Der Unterschied zwischen den «gewöhnlichen» Kastaniensorten und den Marroni kann aufgrund schweizerischer und italienischer Ansicht nach folgenden ökologischen und botanischen Kriterien zusammengefasst werden:

Ökologisch
Der Marronibaum ist tendenziell anspruchsvoller, wenn es um die Bodenfruchtbarkeit geht, und viel anfälliger für Krankheiten wie etwa den Kastanienrindenkrebs und die Blattfleckenkrankheit. Er ist schwachwüchsiger als gewöhnliche Kastaniensorten und trägt entsprechend weniger Früchte. Der Marronibaum eignet sich schlecht für sehr sandige und steinige Böden und feuchte Sommer wie zum Beispiel im Tessin.

Botanisch
Die gewöhnlichen Kastaniensorten und Marroni unterscheiden sich vor allem in den Früchten.

Frisch befruchtete weibliche Blüte.
Aus den weichen grünen Hüllen entstehen im Herbst die stacheligen Igel.

Marroni

– tendenziell große Früchte (weniger als 80 bis 85 Früchte je Kilogramm)
– nie mehr als drei Früchte pro Hülle, oft weniger
– ellipsenförmige Früchte mit rechteckigem Nabel
– mit augenfälligen dunkleren Rippen durchzogen
– allgemein feine Außen- und Innenhaut
– Innenhaut leicht entfernbar (ohne Eindringen ins Fleisch)
– festes, süß schmeckendes Fruchtfleisch

Um die Sache noch komplizierter zu machen, wurde in Frankreich (wo kaum echte Marroni produziert werden) 1978 eine neue Marroni-Definition eingeführt. Seitdem ist in Frankreich für die Klassierung «Marron» ein einziges Merkmal entscheidend: Höchstens 12 % der Früchte einer Sorte dürfen Innenhaut-Einschlüsse aufweisen, damit sie als «Marron» klassiert werden dürfen.

Der Marktanteil der Marroni ist wesentlich größer (Frischprodukt, Süßwarenindustrie) als jener der gewöhnlichen Kastanien und die erzielten Marktpreise sind entsprechend höher.

Wo darf man im Tessin Kastanien ernten?

Kastanienhaine gelten in der Schweiz als Waldfläche. In der Schweiz ist es gemäß Zivilgesetzbuch allen erlaubt, Wald und Weide zu betreten und wildwachsende Beeren, Pilze und mehr in moderater Menge zu sammeln (Art. 699). Kastanienselvenbäume sind aber veredelte Kulturpflanzen, die dem Gewohnheitsrecht unterliegen. Schon seit dem Mittelalter unterstehen viele Kastanienbäume auf der Alpensüdseite einem «Baumsuperfizies», normalerweise auch «jus plantandi» (Anrecht zum Pflanzen) genannt. Eine eigenartige Eigentumsform, die aus der zwingenden Notwendigkeit entstanden ist, mehr Nahrung zu produzieren, ohne die Tradition der Tierzucht und der freien Beweidung auf dem Boden der Allgemeinheit zu stören. Diese Strategie führte dazu, dass die Bürger auf dem Boden der Allgemeinheit (Bürgergemeinde) veredelte Kastanienbäume besitzen und zwei unterschiedliche, bedeutende Nutzungsarten nebeneinander betreiben.

Bei Reife aus dem sich öffnenden Igel herausragende Kastanienfrüchte.

Aufgrund der Wichtigkeit der Frucht war das Gewohnheitsrecht rund um die Kastanienernte sehr streng. Während der offiziellen Ernteperiode war die Beweidung der Kastanienhaine verboten, auch für deren Besitzer. Nur die Eigentümer oder die zugelassenen Sammler durften die Selven betreten und die Früchte ernten.

Die Ernte ist je nach Lage und Kastaniensorte von Mitte September bis Ende November. In den bewirtschafteten Selven dürfen bis zum 11. November nur die Eigentümer oder Pächter die Früchte lesen. Nach diesem Datum ist das Kastaniensammeln allen erlaubt. In nicht bewirtschafteten Selven gibt es keine Einschränkungen.

Die Feinde des Kastanienbaums

Tintenkrankheit
Der Kastanienbaum hat viele alte und neue Feinde, die ihn und seine Früchte bedrohen. Am gefährlichsten ist die Tintenkrankheit. Sie führt häufig zum Absterben des Baumes. Es handelt sich dabei um pilzähnliche pflanzenschädigende Organismen der Gattung Phythopthora. Die Bäume fallen durch verlangsamte Lebenszyklen auf (Bildung von gelben und verkleinerten Blättern, schüttere Krone, spärliche Blüte, frühes Austrocknen der unreifen Stachelhüllen, welche nach dem Blattfall an den Bäumen blieben, Absterben der Stockausschläge am Stammfuss) und haben flammenförmige bräunliche Flecken unter der Rinde, am Stammfuss und auf den Hauptwurzeln. Die Krankheit ist seit 1700 n. Chr. bekannt. Durch die Klimaerwärmung scheint sie häufiger aufzutreten. Die Tintenkrankheit befällt bewirtschaftete wie unbewirtschaftete Kastanienhaine, Niederwälder und junge Bäume.

Der Kastanienbaum verfügt auch im fortgeschrittenen Alter über eine fast unendliche Fähigkeit, neue Ausschläge zu bilden.

Kastanienrindenkrebs

Der Kastanienrindenkrebs ist ebenfalls eine gefährliche Krankheit, die durch den Schlauchpilz Cryphonectria parasitica verursacht wird. Der Pathogen stammt aus Asien, wo er auf den resistenten asiatischen Kastanienarten (Castanea mollissima, C. crenata) weit verbreitet ist. Anfang des 20. Jahrhunderts wurde der Pilz von Asien in die USA eingeschleppt. Dort brachte er innerhalb von 30 Jahren die natürlich vorkommende Amerikanische Kastanie (C. dentata) fast zum Verschwinden. 1938 wurde die Krankheit auch in Europa entdeckt, und zwar im Hinterland vom internationalen Hafen von Genua (Italien). Von dort breitete sie sich rasch in ganz Italien und in den angrenzenden Ländern aus. Heute ist der Kastanienrindenkrebs in allen wichtigen Kastaniengebieten Europas aktiv. Es handelt sich bei der Krankheit um einen Wundparasit, der bei der Kastanie die Rinde von Stamm und Ästen befällt. Früchte, Blätter und unterirdische Pflanzenteile werden hingegen nicht befallen. An der Infektionsstelle verfärbt sich die befallene Rinde rot, sinkt ein und springt auf. Der Pilz wächst in die Rinde hinein und tötet das Kambium (lateinisch cambium = Wechsel), die hohlzylinderförmige Wachstumsschicht zwischen der Splintholzzone und der Rinde (Bastzone und Borke). Diese Schicht ist für das sekundäre Sprosswachstum (Dickenwachstum) verantwortlich. Dadurch werden Transport- und Wachstumsgewebe zerstört und die Pflanzenteile oberhalb der Befallstelle sterben ab. Unterhalb der Befallstelle treiben zahlreiche Wasserreisser.

Trotzt der relativ hohen Anfälligkeit der Edelkastanie verlief in Europa die Epidemie des Kastanienrindenkrebses weniger dramatisch als in den USA. Zu verdanken ist dies der relativen Resistenz der Europäischen Kastanie und dem Auftreten atypischer C.-parasitica-Stämme mit einer reduzierten Heftigkeit (Virulenz). Die reduzierte Virulenz wird durch ein Virus verursacht, das die Sporenproduktion von C. parasitica reduziert. Dank diesem Virus ist ein bedingtes Gleichgewicht entstanden. Aggressive Pilzstämme sind aber überall vorhanden und können immer geschwächte Bäume (Dürre, Waldbrände, Hagelschläge, Veredelungen usw.) ernsthaft befallen.

Ausgeprägte Veränderung der Rindenstruktur eines alten Selvenbaums, die auf eine Veredelungsstelle hindeutet.

Kastanien-Gallwespe

Ein neu eingeführter Parasit ist die Kastanien-Gallwespe (Dryocosmus kuriphilus). Sie stammt ursprünglich aus dem Süden Chinas und lebt ausschließlich auf Arten der Gattung Castanea. Nachdem sie 1941 nach Japan, 1963 nach Korea und 1974 in die USA eingeschleppt worden ist, ist sie 2002 auch in Italien aufgetaucht. Von dort hat sie sich rasch in den wichtigsten Anbaugebieten in Europa verbreitet. Bekannt sind nur die Weibchen (2,5–3,0 mm), die einmal im Jahr zwischen Juni und August fliegen und bis zu 100 kleine Eier (0,1 mm) in die neu gebildeten Kastanienknospen legen. Im Moment des Austriebs im Folgejahr werden die Larven aktiv und stimulieren die Kastanie zur Bildung von 0,5–2,5 cm großen, glattwandigen hellgrünen bis rosaroten Gallen, die die Gallwespenlarven während ihrer Entwicklung schützen. Die Gallen können sowohl an Blättern als auch an Trieben und Blütenständen entstehen. Je nach Gallengröße und deren Anordnung entwickeln sich die betroffenen Organe der Pflanze kaum oder nur unvollständig. Mit den Jahren verändert das Absterben der befallenen Partien, vor allem jener mit Gallentrieben, die natürliche Astarchitektur negativ und führt zu einer fortschreitenden Verlichtung der Krone und zum Verkümmern der Bäume. In Italien und Frankreich wurden für die biologische Kontrolle der Kastanien-Gallwespe die aus China stammenden spezialisierten Schlupfwespen Torymus sinensis eingesetzt. Nach der Freilassung in Italien ist der natürliche Feind nun auch in der Schweiz angelangt, wo er die Gallwespen-Populationen und die entsprechenden Schäden stark reduzieren konnte.

Fruchtschädigende Insekten

Keine Bedrohung für den Baum, aber hochunerwünscht bei den Kastanien-Produzenten sind die fruchtschädigenden Insekten. Es handelt sich im Wesentlichen um drei Schmetterlingsarten (den Frühern Kastanienwickler – Pammene fasciana, den Buchenwickler – Cydia fagiglandana, den Kastanienwickler – Cydia splendana) sowie den Rüsselkäfer Esskastanienbohrer (Curculio elephas). Die Insekten legen die Eier ab, wenn die Früchte noch am Baum sind. Die Larven sind also bei der Ernte bereits in den Früchten. Die beste Methode, um die Larvenentwicklung zu vermeiden, ist die sogenannte Thermohydrotherapie (Erwärmung im Wasserbad): Früchte während rund 45 Minuten in 48–50 °C warmes Wasser legen und danach für 8 bis 12 Stunden in kaltes Wasser, um sie auf Raumtemperatur abzukühlen und den Erwärmungsprozess zu blockieren; im Schatten trocknen lassen.

Sprühfleckenkrankheit der Blätter

Die Krankheit wird vom Schlauchpilz Mycosphaerella maculiformis (Pers.) Schröter verursacht. Sie tritt Ende Sommer/Anfang Herbst auf. In Jahren mit ausgesprochen feuchtem und kaltem Wetter und Temperaturen im Juli und August wie normalerweise im September werden die Blätter früher befallen; es kommt zum vorzeitigen Blattfall und die Früchte reifen nicht mehr aus.

Kastanie und Gesundheit

Die Kastanien sind ein reines Naturprodukt, die in lichten Hainen (extensiver Anbau) ohne jegliche chemisch-synthetische Hilfsmittel kultiviert werden. Kastanien, naturbelassene Getreidekörner (das volle Korn) und Kartoffeln sind Stärkeprodukte (Kohlenhydrate) und vom Nährwert her sehr ähnlich; sie können untereinander ausgetauscht oder kombiniert werden.

Die Kastanie ist mit der Kartoffel und dem Mais eines der wenigen basenbildenden Stärkeprodukte (im Gegensatz zum Getreide, das säurebildend ist). Mit Kastanienprodukten leisten wir also einen Beitrag im Kampf gegen die Übersäuerung des Organismus. Die Frucht ist reich an Kalium, was zu einer natürlichen, sanften Entwässerung des Organismus führt. Da die Kastanie kein Klebereiweiß (Gluten) enthält, eignet sie sich auch bei Glutenunverträglichkeit (Zöliakie).

Der Nährwert der Kastanie

100 g frische, geschälte Kastanien enthalten

Kcal/kJ	192/813
Eiweiß	2,48 g
Fett	1,9 g
Kohlenhydrate	41,2 g
Fasern	8,37 g
Wasser	44,87 g
Natrium	2 mg
Kalium	707 mg
Kalzium	33 mg

Magnesium	5 mg
Phosphor	87 mg
Eisen	1,32 mg
Vitamin A	12 mg
Vitamin B1	0,23 mg
Vitamin B2	0,22 mg
Niacin	0,5 mg
Vitamin C	6,0 mg

Kastanien haltbar machen

Ausgereift vom Baum gefallen gehen Kastanien schnell einmal den Weg alles Irdischen. Sie müssen mindestens jeden zweiten Tag aufgelesen und haltbar gemacht werden, andernfalls droht Wurm- und Schimmelbefall. Traditionell legt man die Kastanien während 5 bis 9 Tagen in kaltes Wasser und bewahrt sie nach Abtrocknen schichtweise in trockenem Sand oder Sägemehl auf.

Damit die Kastanien in früheren Zeiten bis zur folgenden Ernte haltbar waren, hat man sie in der Wärme eines Feuers getrocknet, entweder in Hurden über dem heimischen Herd in der Küche, im Cheminée oder in Dörrhäusern als eigenständige Bauten. Dörrhäuser standen teilweise mitten im Dorf, aus praktischen Gründen aber meistens direkt in den Selven. In den Kastanienhainen war Holz vor Ort jederzeit vorrätig. Zudem konnte man sich auch den Transport der frischen, schweren Früchte sparen. Ein weiteres Argument, das damals überlebenswichtig war: Die Brandgefahr im Dorf ließ sich vermeiden.

Gefeuert wurde selbstverständlich mit Kastanienholz, die Höhe der Flammen mit Kastanienlaub reguliert. Unter gelegentlichem Wenden trockneten die ausgebreiteten Früchte in der Wärme und im Rauch, der ihnen ein typisches Aroma nach Geräuchertem verlieh. Notabene ein Verfahren, das noch heute Anwendung findet. Das Feuer war Tag und Nacht zu unterhalten, bis der Dörrvorgang nach rund 3 Wochen – je nach Dörranlage – vollendet, die Feuchtigkeit verdunstet und allfällige Pilzsporen, Mikroben und Wurmeier abgetötet waren. Die Kastanien schrumpfen während des Trocknungsprozesses auf etwa einen Drittel ihres ursprünglichen Volumens.

Nach dem Dörren schälte man die Kastanien meistens durch Schlagen. Dann wurden sie gesiebt und aus den kleinen sowie den zerbrochenen Früchten wurde Kastanienmehl hergestellt. Zeugnis aus dieser Zeit ist eine der ältesten Turbinenmühlen auf der Alpensüdseite in Altirolo. Ihre Besitzer haben sie vor wenigen Jahren originalgetreu saniert und instand gestellt.

Die Kunst der Haltbarmachung

Heutige Konservierungsmethoden sind zwar um einiges rationeller, aber sie halten im Prinzip an der alten Tradition fest. Das Centro di Cadenazzo, die Tessiner Unterstation der Forschungsanstalt Changins, empfiehlt verschiedene Methoden, je nach Verwendungszweck der Früchte. Nach der Ernte werden sie zuerst einer Warmwasserbehandlung (Thermisierung) unterzogen: Die Kastanien werden während 45 Minuten in ein 50 °C heißes Wasserbad gelegt und danach in kaltem Wasser gekühlt. Diese Behandlung macht man primär zum Entwurmen.

Für die Herstellung von geschälten Kastanien und auch Kastanienmehl folgt nach dem Wasserbad die Trocknung. Für Marrons glacés werden die Kastanien geschält und tiefgefroren, bei Bedarf gekocht und mit Zucker glasiert.

Für gebratene Marroni legt man die Früchte nach der Thermisierung über Nacht in kaltes Wasser und lässt sie danach trocknen. Das reduziert die Anfälligkeit auf Pilzbefall, genau so wie die anschließende Trocknung an einem warmen Ort oder mit einem Kaltluftgebläse. So vorbehandelte Kastanien können bei Temperaturen unter 10 °C während 3 bis 4 Monaten gelagert werden.

Kastanien in der Küche

Die ab Herbst bis Ende Februar im Handel erhältlichen Kastanien sind für den sofortigen Verbrauch bestimmt; im Gemüsefach des Kühlschrankes sind sie in einem Papiersack (!) während einiger Tage lagerfähig. Dann trocknen sie ein, verlieren von ihrem köstlichen Aroma oder werden schlimmstenfalls von Schimmel befallen. Frische Kastanien können jedoch problemlos tiefgekühlt werden.

Erntefrische Kastanien tiefkühlen

Kastanien etwa eine Stunde in kaltes Wasser legen. Dann gut die halbe Schale auf der runden Seite mit einem scharfen Messer nur so tief einritzen, dass die Frucht unverletzt bleibt. In kochendem Wasser portionenweise 4 Minuten (ab Siedepunkt des Wassers gemessen) blanchieren.

Zum Braten Blanchierte Früchte (mit Schale) im kalten Wasserbad auskühlen lassen, in einen Tiefkühlbeutel füllen, mit Datum und Gewicht auszeichnen und einfrieren. Lagerzeit: etwa 12 Monate.

Zum Kochen Die Früchte nach dem Blanchieren noch möglichst heiß schälen, Häutchen mit einem Messer entfernen. Ausgekühlte, vorbereitete Kastanien in einen Tiefkühlbeutel füllen und einfrieren. Lagerzeit: etwa 12 Monate.

Püree

Man kocht die geschälten Früchte im Dampf, bis sie zerfallen sind, und püriert sie mit einem Stabmixer oder dreht sie durch das Passevite. Nach Belieben süßen und in Tiefkühldosen oder -beuteln einfrieren. Lagerzeit: rund 12 Monate.

Erntefrische Kastanien für den sofortigen Verbrauch

Rohverzehr Frische Kastanien kann man auch roh essen. Ihr volles Aroma entfalten sie jedoch erst durch das Rösten oder Kochen; dann lassen sie sich auch besser schälen.

Blanchieren und schälen Die Kastanien etwa eine Stunde in kaltes Wasser legen. Dann blanchiert man die frischen, eingeritzten Früchte portionenweise während 4 Minuten in kochendem Wasser. Anschließend die noch heißen Früchte schälen, Häutchen mit einem Messer entfernen. Geschälte Kastanien gemäß Rezept weiterverarbeiten.

Heißi Marroni

Marroni-Ofen Die Marroni etwa eine Stunde in kaltes Wasser legen. Am besten lassen sich frische, eingeritzte Früchte in einem speziellen Marroni-Ofen gemäß Gebrauchsanweisung zubereiten.

Backofen Ofen auf 220 °C vorheizen. Zuvor eingeweichte, eingeritzte Marroni einlagig auf ein Blech legen, unter gelegentlichem Wenden mit dem Holzspachtel braten, bis die Schalen aufspringen. Bratzeit: rund 20 Minuten.

Kochen mit Kastanien

Frische Kastanien

1 kg frische Kastanien (mit Schale) entsprechen 850 g blanchierten, geschälten Kastanien.

Gekochte Kastanien

Blanchierte, geschälte Kastanien (Seite 31) im Dampf im Siebeinsatz 10 bis 12 Minuten garen.

Dörrkastanien

100 g getrocknete Kastanien entsprechen 200 g gekochten Kastanien. Getrocknete Kastanien sollten über Nacht in reichlich kaltem Wasser eingeweicht werden. Das Einweichwasser weggießen. Braune Häutchen vor dem Kochen entfernen.

- Kastanien im Dampfkochtopf in wenig Wasser rund 30 Minuten kochen.
- Kastanien in einer Pfanne mit wenig Wasser 45 bis 50 Minuten kochen, je nach Verwendung und gewünschter Konsistenz.
- Schnelle Variante: 200 g getrocknete Kastanien mit ½ l Wasser in den Dampfkochtopf geben, bei schwacher Hitze etwa 30 Minuten kochen. Häutchen entfernen, braune Stellen wegschneiden, Kastanien weiterverarbeiten.
- Wichtig: Die weitere Garzeit ist zu berücksichtigen, also die Kastanien nicht zu weich garen.

Tiefgekühlte Kastanien

Ohne vorheriges Auftauen 4 bis 15 Minuten garen.

Kastanien im Glas

essbereit; auch für die schnelle Küche

Püree, gesüßt und ungesüßt

essbereit

In allen Rezepten können frische, tiefgekühlte, gekochte oder eingelegte Kastanien aus dem Glas (Biohandel) verwendet werden, genau so wie die entsprechende Menge getrockneter, bereits vorgekochter Früchte.

So finden Kastanienprodukte Verwendung

Ungesüßtes Kastanienpüree aus dem Glas
Suppen, süßes und salziges Gebäck, Eiscreme, Parfaits, Desserts, Brotaufstrich

Süßes Kastanienpüree
Eiscreme, Parfaits, Desserts, Vermicelles

Kastanien nature aus dem Glas
Suppen, Salate, Terrinen, pikante Aufläufe, für die Herstellung von Püree, zum Backen

Kastanienmehl
Für die Zubereitung von Kleingebäck, Brot, Focacce, Pizzas, Crêpes, Spätzli, Nudeln usw.; entweder solo verwenden oder mit einem anderen Mehl (Weizen/Dinkelmehl) mischen. Wichtig: Kastanienmehl aus luftgetrockneten (!) Früchten hat einen wenig aufdringlichen, angenehmen, leicht süßlichen Geschmack. Kastanienmehl aus feuergetrockneten Früchten hat ein typisches Aroma von Geräuchertem und ist von intensivem Geschmack; Back- und Bratgut bekommen einen leicht bis stark bitteren Geschmack.

Kastanienflocken
Müesli, schnelle Suppen, Desserts, als Snack zum Knabbern

Kastanienlikör
zum Aromatisieren von Desserts und süßem Gebäck

Vorspeisen

Salat, Suppe, Aufstrich, Fingerfood …

Bunter Endiviensalat

für 4–6 Personen als Hauptspeise
für 8 Personen als Vorspeise

- 1 kleiner bis mittelgroßer Cicorino rosso/ Radicchio di Verona
- 1 weiße Chicorée/ Brüsseler Endivie
- ¼ krause Endivie/Escariol
- glattblättrige Petersilie
- 2 EL Olivenöl, zum Braten
- 100–150 g Shiitake, Steinpilze oder Champignons
- 100 g gekochte Kastanien, aus dem Glas
- 12 Baum-/Walnüsse, grob gehackt
- 1 Thymianzweiglein, Blättchen abgezupft
- 100 g Roquefort, zerbröckelt, oder anderer Käse
- 100 g Bratspeck, in Scheiben

Sauce

- 4–6 EL Olivenöl
- 2 EL Balsamico
- ½ Zitrone, Saft
- Kräutermeersalz oder Meersalz, nach Belieben
- frisch gemahlener Pfeffer

- Cicorino rosso, weiße Chicorée und krause Endivie in mundgerechte Stücke zupfen/schneiden. Petersilie von den Stielen zupfen.
- Pilze trocken abreiben, je nach Größe ganz lassen, halbieren, vierteln oder in Streifen schneiden. Im Olivenöl einige Minuten braten, mit Salz und Pfeffer würzen.
- Kastanien und Baumnüsse im Olivenöl kurz knusprig braten, mit Thymianblättchen, Salz und Pfeffer würzen.
- Speckscheiben in der heißen Pilzpfanne ohne Fett kurz braten.
- Sauce zubereiten, mit Kräutersalz und Pfeffer würzen.
- Blattsalate, Petersilie, Pilze, Kastanien-Nuss-Mix und Roquefort mischen, auf Tellern anrichten und mit Sauce beträufeln. Mit Speckscheiben garnieren.

Variante Speck durch Bündnerfleisch ersetzen. Jedoch nicht braten, lediglich einrollen.

Fruchtiger Herbstsalat

200 g geschälte Kastanien, Seite 31

1 EL Olivenöl

2 mittelgroße rote Äpfel

200 g blaue Traubenbeeren

2 weiße Chicorées/
Brüsseler Endivie

Marinade

3–4 EL weißer Balsamico

frisch gemahlener Pfeffer

Kräutermeersalz

2 EL kalt gepresstes Haselnussöl

3 EL Olivenöl

½ Bund Rucola

- Kastanien im Siebeinsatz im Dampf 10 bis 12 Minuten weich garen. Abkühlen lassen. In einer Bratpfanne im Olivenöl kurz braten.
- Äpfel vierteln, entkernen, Apfelviertel in feine Scheiben schneiden. Traubenbeeren halbieren.
- Marinade zubereiten. Äpfel und Traubenbeeren mit Marinade vermengen. 10 Minuten marinieren.
- Chicorées längs halbieren, harten Teil keilförmig herausschneiden, halbieren oder dritteln.
- Sämtliche Zutaten mischen, auf Rucola anrichten.

Provenzalische Kastaniensuppe mit Maiskörnern

2 EL Olivenöl
1 kleine Zwiebel
2 Knoblauchzehen
300 g geschälte Kastanien, Seite 31
1 l Gemüsebrühe
Kräutermeersalz
frisch gemahlener Pfeffer
geriebene Muskatnuss
1 TL getrocknete Provencekräuter
1 dl/100 ml Rahm/Sahne
1 Zuckermaiskolben oder 100 g Maiskörner aus dem Glas oder aus dem Tiefkühler
½ TL fein geriebener Ingwer
Olivenöl, zum Beträufeln

- Zwiebel und Knoblauchzehen schälen und fein hacken. Maiskolben von Hüllblättern und Barthaaren befreien. Kolben quer halbieren und mit Schnittfläche auf Arbeitsfläche stellen, Körner mit einem scharfen Messer vom Kolben schneiden. Körner im Dampf einige Minuten garen.

- Zwiebeln und Knoblauch im Olivenöl gut andünsten. Kastanien dazugeben, mit Gemüsebrühe ablöschen, aufkochen. Suppe mit Kräutersalz, Pfeffer und Muskatnuss würzen, Provencekräuter zugeben, bei schwacher Hitze köcheln, bis die Kastanien weich sind. Etwa die Hälfte der Kastanien mit Schaumlöffel herausnehmen und beiseitelegen. Die Suppe pürieren.

- Suppe mit Rahm aufkochen. Kastanien und Maiskörner in der Suppe erhitzen. Mit Ingwer abschmecken. Eventuell mit Salz und Pfeffer nachwürzen.

- Kastaniensuppe in vorgewärmten Tellern anrichten. Einige Tropfen Olivenöl darüberträufeln.

Kastanien-Kürbis-Suppe

2 EL Olivenöl

1 kleine Zwiebel

600 g mehligkochender Kürbis

250 g geschälte Kastanien oder 120 g getrocknete Kastanien, Seite 32

6–8 dl/600–800 ml Gemüsebrühe

Meersalz

frisch gemahlener Pfeffer

frisch geriebene Muskatnuss

2 dl/200 ml Rahm/Sahne

1 EL Zitronensaft

½ Bund frischer Majoran, fein gehackt

- Zwiebel schälen und fein hacken. Kürbis schälen, entkernen und klein würfeln.

- Zwiebeln und Kürbis im Olivenöl andünsten, Kastanien zugeben. Mit Gemüsebrühe aufgießen, aufkochen. Suppe mit Salz, Pfeffer und Muskatnuss würzen und bei schwacher Hitze köcheln lassen, bis der Kürbis und die Kastanien weich sind. Pürieren.

- Die Hälfte des Rahms für die Garnitur steif schlagen.

- Suppe mit dem Rahm aufkochen, kurz köcheln lassen. Mit dem Zitronensaft abschmecken. Eventuell mit Salz und Pfeffer abschmecken.

- Suppe in vorgewärmten Tellern anrichten. Mit Schlagrahm und Majoran garnieren.

Kastanien-Zwiebel-Suppe mit Rotwein

2 EL Olivenöl

1 mittelgroße Zwiebel

reichlich frischer Rosmarin, Nadeln abgestreift, oder 1 Bund Thymian, Blättchen abgezupft

400–450 g gekochte Kastanien aus dem Glas oder 400–450 g tiefgekühlte Kastanien

1–1½ dl/100–150 ml kräftiger Rotwein

1 l Gemüsebrühe

frisch gemahlener Pfeffer

1 dl/100 ml Schlagrahm/-sahne

Mandarinenöl, zum Beträufeln

Thymianblättchen, zum Bestreuen

- Zwiebel schälen und hacken, im Olivenöl braun und knusprig braten. Rosmarinnadeln zufügen, kurz dünsten, Kastanien und Rotwein zugeben, kurz köcheln lassen. Mit Gemüsebrühe auffüllen, aufkochen, bei schwacher Hitze kochen, bis die Kastanien weich sind. Suppe durch ein Sieb streichen oder pürieren.

- Kastaniensuppe anrichten, mit Schlagrahm garnieren, mit einigen Tropfen Mandarinenöl abrunden. Mit Thymianblättchen bestreuen.

Zum Rezept Dieses Suppenrezept ist eines meiner Highlights an Kochkursen und Events. Ursprünglich habe ich die Suppe immer mit Rosmarin zubereitet, und als ich eines Tages nur Thymian verwendete, schmeckte die Suppe noch besser als mit Rosmarin. Probieren Sie es am besten selber aus. Das Mandarinenöl mag etwas exotisch sein, aber die Suppe schmeckt prima.

Kastanien-Lauch-Suppe

- 1 EL Olivenöl
- 1 kleine Zwiebel
- 2 kleine Lauchstangen
- 40 g Reismehl
- 1 TL mittelscharfer Curry
- 1 Prise Ingwerpulver
- 1 Prise geriebene Muskatnuss
- 200 g geschälte Kastanien, Seite 31
- 1 l Gemüsebrühe
- 1 dl/100 ml Rahm/Sahne
- Kräutermeersalz
- frisch gemahlener Pfeffer

- Blütenblätter von Ringelblumen. nach Belieben

• Zwiebel schälen und fein hacken. Lauch putzen und in feine Streifen schneiden, etwa ein Drittel für die Garnitur beiseitelegen.

• Zwiebeln und Lauch im Olivenöl andünsten, Reismehl und Gewürze kurz mitdünsten. Kastanien zugeben. Gemüsebrühe aufgießen, aufkochen, Suppe bei schwacher Hitze köcheln lassen, bis die Kastanien sehr weich sind. Pürieren.

• Suppe mit Rahm aufkochen, kurz köcheln lassen. Mit Kräutersalz und Pfeffer abschmecken.

• Suppe in vorgewärmten Tellern anrichten. Lauch darüberstreuen. Mit Blütenblättern von Ringelblumen garnieren.

Buchweizenomelettes mit Kastanien und Gemüse gefüllt

für 4 Omelettes

Teig

3 dl/300 ml Milch

2 Eier

150 g Buchweizenmehl

½ TL Meersalz

Bratbutter/Butterschmalz, zum Backen

Füllung

2 EL Butter

1 Zwiebel

1–2 Zuckermaiskolben oder 200 g Zuckermaiskörner aus dem Glas oder aus dem Tiefkühler

200 g frische oder tiefgekühlte Erbsen

Gemüsebrühepulver

1 Becher (2 dl/200 ml) Rahm/Sahne

200 g gekochte Kastanien, Seite 32

frischer Estragon

20 g gerösteter, geschälter Buchweizen

• Für den Omeletteteig Milch und Eier verquirlen. Mehl und Salz zugeben, zu einem glatten Teig rühren. 30 Minuten oder länger quellen lassen.

• Zwiebel schälen und fein hacken. Maiskolben von Hüllblättern und Barthaaren befreien. Kolben quer halbieren, mit der Schnittfläche auf die Arbeitsfläche stellen, Körner mit einem scharfen Messer vom Kolben schneiden. Estragon grob hacken.

• Zwiebeln in Butter andünsten. Maiskörner und Erbsen 2 bis 3 Minuten mitdünsten. Mit Gemüsebrühepulver würzen. Rahm zugeben, bei schwacher Hitze kurz köcheln, bis Erbsen und Maiskörner gar sind. Tiefgekühlte Erbsen und Maiskörner aus dem Glas nicht andünsten, sondern mit Rahm zu den Zwiebeln geben. Kastanien in der Sauce erhitzen. Estragon unterrühren.

• In einer nicht klebenden Bratpfanne wenig Bratbutter zerlassen. Omelettes ausbacken, warm stellen. Immer wieder wenig Bratbutter in die Bratpfanne geben.

• Omelettes auf vorgewärmten Tellern anrichten. Auf eine Hälfte die Füllung geben, zusammenklappen. Mit Buchweizen bestreuen und mit Estragon garnieren.

Kastanien-Ziegenfrischkäse-Aufstrich

1 große Baguette

100 g Ziegenfrischkäse oder Frischkäse, nach Belieben, z. B. Gervais

100 g gekochte Kastanien, Seite 32

1 Basilikumzweiglein, 10 Blätter

½ Bund glattblättrige Petersilie

einige Tropfen Balsamico

1 Bio-Zitrone, wenig abgeriebene Schale, oder Limonenöl

2–3 EL Olivenöl

Kräutermeersalz

frisch gemahlener Pfeffer

• Ziegenfrischkäse, Kastanien, Basilikumblättchen und von den Stielen gezupfte Petersilie in der Moulinette zu einer glatten, streichfähigen Masse mixen. Balsamico, Zitronenschale und Olivenöl unterrühren, mit Kräutersalz und Pfeffer abschmecken.

• Baguette in dünne Scheiben schneiden. Kastanien-Frischkäse-Aufstrich darauf verstreichen.

Varianten Aus der Paste kleine Kugeln formen und diese in Alfalfasprossen drehen. Oder Kugeln mit Basilikumblättern und einer Speckscheibe umwickeln und mit einem Zahnstocher fixieren. Oder Tomaten halbieren und aushöhlen, mit der Paste füllen. Oder die Paste auf Weinblätter oder große Basilikumblätter häufen und einwickeln; vor dem Servieren halbieren und mit Limonenöl beträufeln, mit gehackten Baum-/Walnüssen oder gerösteten Pinienkernen garnieren.

Kastanien-Hühnerleber-Pâté für Crostini

1 kleine Zwiebel

1 Stück Stangensellerie oder ¼ Knollensellerie

1 kleine Karotte

2 EL Bratbutter/Butterschmalz oder Olivenöl

1–2 EL Tomatenpüree

200 g Hühner- oder Kaninchenleber, in Streifen

1 Lorbeerblatt

10 Rosmarinnadeln oder 1 Sträußchen Thymian, Blättchen abgezupft

2 Salbeiblätter, in Streifchen

120 g Kastanien aus dem Glas oder 120 g tiefgekühlte, gekochte Kastanien

1½ dl/150 ml Rotwein

1 Bio-Zitrone, abgeriebene Schale

1 Handvoll glattblättrige Petersilie, Blättchen abgezupft

2 EL Butter oder 2–3 EL Olivenöl

Kräutermeersalz

frisch gemahlener Pfeffer

Orangenöl, zum Beträufeln

Weiß- oder Ruchbrot, zum Rösten

• Zwiebel schälen, grob hacken. Grobfasrige Teile beim Stangensellerie abziehen. Karotte schälen. Alles von Hand oder im Cutter fein hacken. Gemüse in der Butter oder im Olivenöl 5 Minuten unter Rühren dünsten, Tomatenpüree und Leber zufügen, kurz weiterrühren. Gewürze und Kastanien zufügen, mit Rotwein ablöschen, 12 Minuten bei schwacher Hitze köcheln. Erkalten lassen, Lorbeerblatt entfernen. Pfanneninhalt mit Zitronenschale, Petersilie und Butter zu einer feinen Creme mixen. Abschmecken mit Kräutersalz und Pfeffer.

• Brot in feine Scheiben schneiden, im vorgeheizten Backofen bei 220 °C Hitze rösten.

• Pâté auf dem gerösteten Brot verstreichen. Mit Orangenöl beträufeln.

Kastanien-Buchweizen-Blinis mit Lauch

Teig
- 2 dl/200 ml Milch
- 2–3 Eier
- 1 EL Olivenöl
- 70 g Kastanienmehl (aus luftgetrockneten Kastanien)
- 70 g Buchweizen- oder Dinkelvollkornmehl
- 1 Msp Meersalz
- ½ TL phosphatfreies Backpulver
- 2 EL gehackte Gartenkräuter

Olivenöl oder Bratbutter, zum Ausbacken

Gemüse
- 1 EL Olivenöl
- 500 g kleine Lauchstangen
- 1 EL mittelscharfer Curry
- 1 dl/100 ml Weißwein
- Gemüsebrühepulver
- Meersalz
- frisch gemahlener Pfeffer

Buchweizensprossen

- Für den Teig Milch, Eier und Olivenöl verquirlen. Mehle, Salz und Backpulver beifügen, zu einem glatten Teig rühren. 30 Minuten quellen lassen. Kräuter unterrühren.
- Lauch diagonal in 4 cm lange Stücke schneiden und im Olivenöl andünsten, Curry darüberstreuen, Weißwein angießen, Lauch knackig garen. Mit Gemüsebrühepulver, Salz und Pfeffer würzen.
- In einer nicht klebenden Bratpfanne wenig Olivenöl erhitzen. Blinis ausbacken. Warm stellen.
- Blinis und Lauch auf vorgewärmten Tellern anrichten. Mit den Sprossen garnieren.

Variante Lauch durch Räucherlachs ersetzen, den man mit Limonenöl beträufelt. Mit frischem Dill garnieren.

Tipp Für eine Hauptspeise die Menge verdoppeln.

Castagnaccio – Maronenfladen mit Rosmarin

für ein Kuchenblech von 26 cm Durchmesser

250 g Kastanienmehl (aus feuergetrockneten Kastanien)
½ TL Meersalz
2 EL Olivenöl
5–7 dl/500–700 ml lauwarmes Wasser
100 g eingeweichte Rosinen
120 g Pinienkerne
1 EL gehackte Rosmarinnadeln

- Ofen auf 180 °C vorheizen. Blech mit Butter einfetten.
- Kastanienmehl und Salz mischen. Olivenöl und Wasser zugeben und glatt rühren (der Teig ist sehr flüssig). Rosinen, Pinienkerne und Rosmarin unterrühren. Teig in die Form füllen.
- Maronenfladen im Ofen bei 180 °C 30 bis 40 Minuten backen. Nadelprobe machen.

Castagnaccio Ein typisches Rezept aus der Toskana, das mit Rotwein oder Kaffee serviert wird.

Kastanien-Linsen-Pastete

- 1 l Gemüsebrühe
- 100 g rote Linsen
- 200 g geschälte Kastanien, Seite 31
- 2 EL Olivenöl
- 350 g Champignons
- 8 kleine Knoblauchzehen
- 2 kleine Zwiebeln oder 2 Schalotten
- 2 Bund Petersilie
- 1 TL fein gehackte Rosmarinnadeln
- 1 TL gehackter Thymian
- Kräutermeersalz
- frisch gemahlener Pfeffer
- evtl. wenig Mehl

• Linsen und Kastanien in der Gemüsebrühe sehr weich kochen, die Brühe abgießen.

• Knoblauchzehen und Zwiebeln schälen, grob hacken. Champignons putzen, je nach Größe halbieren oder vierteln. Petersilie hacken. Knoblauch, Zwiebeln, Champignons und Kräuter im Olivenöl 3 bis 4 Minuten dünsten.

• Backofen auf 180 °C vorheizen.

• Linsen, Kastanien und Pilzgemisch im Cutter oder in der Moulinette fein hacken oder durch das Passevite drehen oder den Fleischwolf (feinste Scheibe) drücken. Kastanienmasse mit Salz und Pfeffer würzen. Pastetenform mit Olivenöl ausstreichen und mehlen. Kastanienmasse einfüllen und glatt streichen.

• Pastete in der Mitte in den Ofen schieben, bei 180 °C eine Stunde backen. Erkalten lassen.

Tipp Wie jede andere Pastete garnieren. Als Vorspeise oder mit Salat und Brot als leichtes Abendessen servieren.

Pikante Kastanienrouladen

für 6 Personen

Crêpes

2½ dl/250 ml Milch

3 Eier

1 EL Olivenöl

90 g Kastanienmehl (aus feuergetrockneten Kastanien)

½ TL Meersalz

2 EL gehackte Rosmarinnadeln

Olivenöl, zum Ausbacken

Füllung

250 g Räucherlachs, fein gehackt

Blattsalat

Limonenöl

• Für den Teig Milch, Eier und Olivenöl verquirlen. Mehl und Salz beifügen, zu einem glatten Teig rühren. Zugedeckt mindestens 30 Minuten quellen lassen. Rosmarin unterrühren.

• In einer nicht klebenden Bratpfanne wenig Olivenöl erhitzen. 6 Crêpes ausbacken. Warm stellen. Für jede Crêpe wenig Olivenöl in die Bratpfanne geben.

• Räucherlachs auf die noch warmen Crêpes verteilen, aufrollen und in Stücke schneiden.

• Blattsalat auf Tellern anrichten. Rouladen darauflegen. Mit Limonenöl beträufeln.

Variante Die Crêpes mit gebratenen Mischpilzen füllen.

Hauptgerichte

Eintopf, Pasta, Risotto, Burger …

Kastanienragout mit Salbei

4 EL Olivenöl
2 kleine Zwiebeln
30 Salbeiblätter
800 g geschälte Kastanien, Seite 31
½ l Milch
Kräutermeersalz
frisch gemahlener Pfeffer

- Zwiebeln schälen, fein hacken. Salbei in Streifchen schneiden.

- Zwiebeln im Olivenöl andünsten, Salbei und Kastanien kurz mitdünsten. Milch aufgießen, Ragout bei schwacher Hitze 8 bis 12 Minuten köcheln lassen, bis die Kastanien weich sind. Möglichst nicht rühren, damit die Früchte ganz bleiben. Je nach Flüssigkeit wenig Milch nachgießen, würzen. Das Ragout darf nicht trocken sein.

Zum Rezept Ein traditionelles Gericht aus der Ardèche.

Tipp Das Kastanienragout mit Gemüse und Salat als ganze Mahlzeit servieren.

Abbildung

Kastanien-Fenchel-Eintopf mit Vanillearoma

500 g ungeschälte Kastanien
2 Spross Fenchelkraut
1 Vanilleschote
1 l Milch
Vollrohrzucker

- Kastanien kreuzweise einschneiden (einritzen), mit Fenchelkraut in einem großen Kochtopf in reichlich Wasser 5 Minuten sprudelnd kochen. Wasser abgießen, Früchte sehr heiß schälen.

- Vanilleschote aufschneiden, Mark auskratzen, beides mit Milch und Kastanien in den Kochtopf geben, aufkochen und bei schwacher Hitze etwa 10 Minuten köcheln lassen. Schoten entfernen. Nach Belieben süßen.

- Kastanien samt Milch in großen Suppentassen anrichten. Mit dem Fenchelgrün garnieren.

Zum Rezept In Südfrankreich werden die Kastanien seit Generationen nach diesem Rezept zubereitet.

Kastanienspätzle

200 g Dinkelweiß- oder Dinkelruchmehl
200 g Kastanienmehl (aus luftgetrockneten Kastanien)
4 Eier
2 dl/200 ml Milch
1 TL Meersalz

2 Lauchstangen
wenig Gemüsebrühe
300–400 g Pilze
Olivenöl
frisch gemahlener Pfeffer
Kräutermeersalz
fein gehackte Kräuter, z. B. Thymian, Majoran, Rosmarin

geriebener Sbrinz oder Pecorino oder Parmesan

- Alle Zutaten für die Spätzle in eine Schüssel geben und zu einem glatten Teig rühren, 30 Minuten ruhen lassen.

- Beim Lauch Hüllblätter und zähe Blattteile entfernen, Stangen längs aufschneiden und in mundgerechte Stücke schneiden, in der Gemüsebrühe knackig dünsten.

- Pilze mit einem trockenen Tuch abreiben, je nach Größe halbieren, vierteln oder in Streifen schneiden, in einer nicht klebenden Bratpfanne in wenig Olivenöl dünsten, würzen.

- In einem Kochtopf reichlich Salzwasser erhitzen. Teig in Portionen durch das Spätzlesieb streichen, Spätzle an die Oberfläche steigen lassen und mit einem Schaumlöffel herausnehmen und unter kaltem Wasser abschrecken.

- Spätzle und Lauch zu den Pilzen geben, unter Rühren erhitzen, mit Kräutersalz und Pfeffer abschmecken, würzen, mit den Kräutern abrunden. Anrichten. Mit dem Käse bestreuen.

Tagliatelle mit Kastanien und Curry

250 g Nudeln/Tagliatelle
1 TL Olivenöl

Sauce
20 g Butter oder
2 EL Olivenöl
1 mittelgroße Zwiebel
1 TL mittelscharfer Curry
2½ dl/250 ml Rahm/Sahne
120 g grob gehackte, gekochte Kastanien, Seite 32
Kräutermeersalz
frisch gemahlener Pfeffer

2 EL Pinienkerne
100 g Champignons

Basilikum oder Petersilie

- Reichlich Salzwasser mit dem Olivenöl (1 TL) aufkochen, Nudeln zufügen und al dente kochen. Abgießen, mit kaltem Wasser abschrecken.

- Pinienkerne in der Bratpfanne ohne Fett rösten, beiseitestellen. Champignons putzen und blättrig schneiden, in der Nusspfanne in wenig Olivenöl Farbe annehmen lassen, beiseitestellen.

- Für die Sauce Zwiebel schälen und fein hacken, in der Butter dünsten. Curry darüberstreuen, mit Rahm ablöschen, einige Minuten köcheln. Kastanien zugeben, erhitzen. Mit Kräutersalz und Pfeffer abschmecken.

- Nudeln, Pinienkerne und Champignons zur Sauce geben, vermengen, erhitzen. Anrichten. Mit Basilikum garnieren.

Kastanien-Bulgur-Burger auf Rosmarinsauce

125 g Bulgur
2½ dl/250 ml Gemüsebrühe
1 EL Olivenöl
1 Zwiebel
100 g Karotten
100 g frische oder tiefgekühlte grüne Erbsen
2 EL gehackte Petersilie
1 TL gehacktes Bohnenkraut
150 g gekochte Kastanien, Seite 32
wenig Gemüsebrühe
2 Eier
2 EL geriebener Käse
1 gehäufter EL Mehl
Meersalz
frisch gemahlener Pfeffer

Olivenöl

Rosmarinsauce
1 EL Olivenöl
1 kleine Zwiebel
1 Zweig Rosmarin
2–3 EL Sojasauce
1 TL Tomatenmark, nach Belieben
1½ dl/150 ml Rotwein
2 dl/200 ml Gemüsebrühe
1 TL Pfeilwurzelmehl

- Bulgur mit der Gemüsebrühe aufkochen, bei schwacher Hitze 5 Minuten köcheln, auf der ausgeschalteten Wärmequelle zugedeckt 20 Minuten ausquellen lassen.

- Zwiebel schälen und fein hacken. Karotten schälen, klein würfeln. Zwiebeln, Karotten und Erbsen im Olivenöl andünsten, Kräuter und Kastanien beifügen und mitdünsten, wenig Gemüsebrühe zugeben, bei schwacher Hitze weich garen. Das Ganze mit einer Gabel fein zerdrücken.

- Eier, Käse und Mehl mit der Gemüse-Kastanien-Masse vermengen, mit Salz und Pfeffer abschmecken.

- Für die Sauce die Zwiebel schälen und fein hacken. Rosmarinnadeln abstreifen und fein hacken. Zwiebeln im Olivenöl andünsten, Rosmarin zugeben, mitdünsten. Sojasauce, Tomatenmark und Rotwein zugeben und bei schwacher Hitze auf die Hälfte einkochen lassen. Mit Gemüsebrühe auf die gewünschte Saucenmenge ergänzen, mit dem mit wenig Wasser angerührten Pfeilwurzelmehl binden, 5 Minuten köcheln. Sauce durch ein Sieb passieren.

- In einer nicht klebenden Bratpfanne ein wenig Olivenöl erhitzen. Aus der Masse Bratlinge formen, bei mittlerer Hitze beidseitig braten.

Varianten Rosmarin durch Thymian oder Majoran ersetzen. Burgermasse in eine Cakeform füllen und im Backofen bei 200 °C 30 Minuten backen. Heiß stürzen und in Scheiben schneiden.

Kastanien mit Gemüse und Dinkel

- 100 g Dinkelkörner
- 2 EL Olivenöl
- 100 g Zwiebeln
- 100 g Karotten
- 100 g Knollensellerie
- 100 g Lauch
- 250 g gekochte Kastanien, Seite 32
- 1 gehäufter TL scharfer Curry
- 1 EL Sojasauce

• Dinkelkörner mit einem halben Liter kaltem Wasser aufkochen und 5 Minuten sprudelnd kochen, auf der ausgeschalteten Wärmequelle zugedeckt mindestens 1 Stunde quellen lassen. Im Sieb abtropfen lassen.

• Zwiebel schälen, in Scheiben schneiden. Karotten und Sellerie schälen, in feine Streifen (Julienne) schneiden, den Lauch putzen und ebenfalls in Streifchen schneiden.

• Gemüse im Wok oder in einer geeigneten Pfanne im Olivenöl 5 Minuten rührbraten. Dinkelkörner und Kastanien zufügen, 1 Minute rührbraten, Curry darüberstreuen, Sojasauce unterrühren, sofort servieren.

Tipp Mit kurz gebratenem Fleisch servieren.

Würziges Kastanienpüree

- 1 kg geschälte Kastanien, Seite 31
- ca. 3 dl/300 ml Milch
- 50 g Butter
- 1 Prise Vollrohrzucker
- Meersalz
- frisch gemahlener Pfeffer

• Kastanien im Siebeinsatz im Dampf sehr weich garen.

• Die noch heißen Kastanien durch das Passevite direkt in die Pfanne drehen, Milch und Butter zugeben und unter Rühren mit dem Schneebesen aufkochen, würzen.

Tipp Das Püree eignet sich auch zum Füllen von Tomaten und als Ersatz für Kartoffelstock. Für eine Garnitur das Püree in einen Spritzbeutel mit großer Sterntülle füllen und direkt auf den Teller spritzen, z. B. zu Rotkohl, Wild, Knöpfli usw.

Kastanienbraten mit Pilzen und Nüssen

für eine Cakeform von 20 cm Länge

- 2 EL Olivenöl
- 1 kleine Zwiebel
- 1 Knoblauchzehe
- 150 g Pilze, z. B. Champignons, Steinpilze, Eierschwämme
- 2–3 EL fein gehackte frische Kräuter, z. B. Rosmarin, Thymian, Majoran, Salbei, Petersilie
- 150 g gekochte Kastanien, Seite 32
- 2 Eier
- 1 dl/100 ml Rahm/Sahne
- 150 g geriebene Baum-/Walnüsse
- 75 g Vollkornbrotbrösel
- Kräutermeersalz
- 1 EL Sojasauce
- 1 TL Gemüsebrühepulver
- frisch gemahlener Pfeffer

- ca. 12 gekochte Kastanien, für die Garnitur

• Zwiebel und Knoblauchzehe schälen und fein hacken. Pilze putzen, von Hand oder in der Moulinette fein hacken. Kastanien in der Moulinette fein pürieren oder durch das Passevite drehen.

• Zwiebeln, Knoblauch und Pilze im Öl bei starker Hitze 2 bis 3 Minuten dünsten, gehackte Kräuter mitdünsten. Kastanien unterrühren. Abkühlen lassen.

• Backofen auf 200 °C vorheizen.

• Eier, Rahm, Nüsse und Brotbrösel mit der Kastanienmasse vermengen, kräftig würzen. In die eingefettete Form füllen, glatt streichen. Restliche Kastanien in der Mitte in die Masse drücken.

• Kastanienbraten im Ofen bei 200 °C rund 30 Minuten backen. Nadelprobe machen. Vor dem Anschneiden 10 Minuten ruhen lassen.

Serviervorschlag Mit im Dampf gegartem Wirz/Wirsing und einer Safransauce servieren. Für die Sauce 1 TL Butter schmelzen, 1 Messerspitze Safranpulver und 10 Safranfäden zugeben, 2 dl/200 ml Gemüsebrühe und 1 dl/100 g Rahm zugeben. Safransauce bei schwacher Hitze 5 Minuten köcheln. Mit 20 g Mehlbutter (die gleiche Menge Butter und Mehl zusammenfügen) binden, die man mit dem Schneebesen stückchenweise unter die Sauce rührt. Nochmals kurz köcheln.

Variante Den Kastanienbraten erkalten lassen und als Antipasto mit in Öl eingelegten Oliven auf Salat servieren.

Nonnas Kastanien-Grießschnitten

- 50 g geschälte Kastanien, Seite 31
- 2½ dl/250 ml Milch
- 100 g Dinkelgrieß
- 1 Msp Vanillepulver
- 1 Prise Kardamompulver
- 1 Bio-Zitrone, wenig abgeriebene Schale
- 1 Prise Meersalz

- 1 Eigelb
- 50 g Dinkelgrieß
- Butterschmalz/Bratbutter

• Kastanien im Dampf 12 Minuten garen. Pürieren.

• Milch aufkochen, Grieß (100 g) einrieseln, köcheln lassen, bis die Masse bindet. Pürierte Kastanien und Gewürze zugeben.

• Grießbrei in einer leicht eingebutterten rechteckigen Form ausstreichen, über Nacht kühl stellen.

• Grießmasse in Stücke schneiden, zuerst im Eigelb, dann im Grieß wenden. In der Bratbutter bei mäßiger Hitze beidseitig braten.

Tipp Mit einer Vanille- oder Fruchtsauce servieren.

Kastanien-Tofu-Burger

- 200 g Seidentofu (weicher Tofu)
- 200 g gekochte Kastanien aus dem Glas
- 1 Kräutersträußchen, z. B. Thymian, Majoran und Rosmarin
- glattblättrige Petersilie
- 1–2 Eier
- Kräutermeersalz
- frisch gemahlener Pfeffer
- ½ Bio-Zitrone, abgeriebene Schale

- Olivenöl, zum Braten

• Tofu, Kastanien und Kräuter am besten im Cutter hacken, Ei unterrühren, würzen, Zitronenschale unterrühren.

• Aus der Tofu-Kastanien-Masse kleine Puffer formen, im Olivenöl beidseitig je 3 bis 4 Minuten braten. Mit der Rosmarinsauce, Seite 66, oder einer Zitronen- oder Kürbissauce servieren.

Variante Einen kleinen roten Peperoncino aufschneiden und entkernen, mit Tofu, Kastanien und Kräutern hacken.

Tipp Mit gebratenen Pilzen servieren.

Abbildung

Kastanien-Kürbis-Curry mit Nudeln

250 g breite Nudeln

2 EL Olivenöl

1 Zwiebel

1 Knoblauchzehe

700 g Kürbis,
z. B. Muscade de Provence

300 g geschälte Kastanien,
Seite 31

4 EL Sultaninen

1 TL milder Curry

½ TL scharfer Curry

1 TL getrockneter Thymian

1 Prise Kurkuma/Gelbwurz

1 Prise geriebene Muskatnuss

1 Prise Paprikapulver

½ dl/50 ml Weißwein

2 dl/200 ml Gemüsebrühe

Meersalz

- Zwiebel schälen und in feine Scheiben schneiden, Knoblauchzehe schälen und fein hacken. Kürbis schälen, in kleine Stücke schneiden.
- Zwiebeln und Knoblauch im Olivenöl andünsten. Kürbis, Kastanien und Sultaninen kurz mitdünsten, Gewürze darüberstreuen. Weißwein und Gemüsebrühe angießen, bei schwacher Hitze köcheln lassen, bis der Kürbis und die Kastanien weich sind. Abschmecken
- Nudeln in viel Salzwasser al dente kochen. Abgießen.
- Nudeln mit dem Kastanien-Kürbis-Gemüse vermengen.

Kastanienravioli mit Salbeibutter

für 35–45 Ravioli

Ravioliteig

150 g Dinkelruch- oder Dinkelweißmehl

100 g Kastanienmehl (aus luftgetrockneten Kastanien)

2 Eier

1 TL Meersalz

1 EL Olivenöl

evtl. wenig Wasser (2–3 EL)

1 Bund Salbei

50 g Butter

Füllung

30 g Speckwürfelchen oder 1 EL Olivenöl

100 g gekochte Kastanien, Seite 32

1 Bio-Zitrone, wenig abgeriebene Schale

reichlich fein gehackte Kräuter, z. B. Salbei, Rosmarinnadeln, Thymian, Basilikum

2 Knoblauchzehen

100 g Ricotta

40 g Ziegenfrischkäse

3 EL Olivenöl

Meersalz

frisch gemahlener Pfeffer

- Mehl, Eier, Salz und Olivenöl in einer Schüssel glatt rühren. So viel Wasser zugeben, dass ein glatter Teig entsteht. Teig in Klarsichtfolie einwickeln und bei Zimmertemperatur mindestens 30 Minuten ruhen lassen.

- Ravioliteig auf bemehlter Arbeitsfläche dünn ausrollen, Rondellen von 5,5 bis 8 cm Durchmesser ausstechen. 30 Minuten trocknen lassen.

- Kastanien und Kräuter fein hacken, Knoblauchzehen schälen. Speck in einer Bratpfanne auslassen oder Olivenöl erhitzen, Kastanien, Zitronenschale, Kräuter und durchgepresste Knoblauch zugeben und kurz dünsten. Abkühlen lassen. Ricotta, Ziegenfrischkäse und Olivenöl mit Kastanien vermengen. Würzen.

- Die Füllung auf die Hälfte der Teigrondellen verteilen, eine zweite Rondelle darauflegen, Teigrand mit der Gabel gut andrücken.

- Kastanienravioli in reichlich Salzwasser al dente kochen, das dauert 4 bis 5 Minuten.

- Salbeiblätter abzupfen und in der Butter braten. Ravioli mit einem Schaumlöffel aus dem Kochwasser nehmen, in der Salbeibutter schwenken.

Tipps Die Ravioli können roh wie gekocht 2 bis 3 Tage im Kühlschrank aufbewahrt werden. Restliche Füllung als Brotaufstrich verwenden.

Caillettes traditionnelles ardèchoises
Adrio mit Kastanien

2 EL Olivenöl
1 große Zwiebel
250 g Schweinefleisch
250 g Schweineleber
500 g gekochte Kastanien, Seite 32
1 TL fein gehackter Thymian oder 2 Msp getrockneter Thymian
Meersalz
frisch gemahlener Pfeffer

10 Schweinsnetze, 20 × 20 cm
Salbeiblätter
Gemüsebrühe

- Zwiebel schälen und fein hacken. Fleisch und Leber durch den Fleischwolf drehen (5-mm-Lochscheibe) oder beim Metzger hacken lassen. Kastanien grob hacken.
- Zwiebeln im Olivenöl andünsten, Fleisch und Leber zugeben, bei starker Hitze unter Rühren kräftig anbraten, Kastanien und Kräuter unterrühren, mit Salz und Pfeffer würzen.
- Backofen auf 220 °C vorheizen.
- Auf jedes Schweinsnetz ein Salbeiblatt legen. Aus der Fleisch-Kastanien-Masse Kugeln in der Größe eines kleinen Apfels formen und darauflegen, mit dem Netz einpacken. Mit dem Salbeiblatt oben in eine eingefettete Gratinform stellen. Wenig Gemüsebrühe zugeben.
- Adrio im Ofen bei 220 °C etwa 40 Minuten braten.

Variante In der Ardèche werden die Kugeln mit einer Tomatensauce als Vorspeise oder mit gedämpften Tomaten und Bratkartoffeln als Hauptspeise serviert.

Kastanien-Mais-Medaillons

100 g geschälte Kastanien, Seite 31
4 dl/400 ml Gemüsebrühe
100 g feiner Maisgrieß
1 EL fein gehackte Petersilie
Kräutermeersalz
frisch gemahlener Pfeffer

Bratbutter/Butterschmalz, zum Braten

- Kastanien im Dampf etwa 12 Minuten garen, heiß hacken.
- Gemüsebrühe aufkochen, Maisgrieß einrieseln lassen, bei schwacher Hitze unter häufigem Rühren köcheln, bis die Masse eindickt, Kastanien und Petersilie unterrühren, fest werden lassen. Mit Kräutersalz und Pfeffer abschmecken.
- Den Maisbrei auf einem eingefetteten rechteckigen Blechrücken etwa 1 cm dick ausstreichen, erkalten lassen. Mit gezacktem, rundem Ausstecher Rondellen oder beliebige Formen ausstechen.
- Medaillons in einer nicht klebenden Bratpfanne in der Bratbutter beidseitig langsam braten.

Zucchini mit Kastanien-Pilz-Füllung

4 mittelgroße Zucchini
2 EL Olivenöl
1 kleine Zwiebel
1 Knoblauchzehe
200 g Champignons
300 g gekochte Kastanien, Seite 32
fein gehackte Petersilie
1 TL getrocknete Provencekräuter
Kräutermeersalz
frisch gemahlener Pfeffer
Paprikapulver
geriebene Muskatnuss

- Zucchini mit Schale der Länge nach halbieren und mit einem Löffel aushöhlen. Zucchinifleisch fein hacken.
- Zwiebel und Knoblauchzehe schälen, fein hacken. Pilze putzen und fein hacken. Kastanien klein hacken.
- Backofen auf 200 °C vorheizen.
- Zwiebeln, Knoblauch, Zucchinifleisch und Pilze im Olivenöl andünsten, Petersilie, Provencekräuter sowie Kastanien zufügen und kurz mitdünsten. Würzen. Die Zucchinihälften damit füllen.
- Zucchini im Ofen bei 200 °C 10 bis 15 Minuten backen.

Kastanien-Risotto mit Kräutern und Pilzen

- 2 EL Olivenöl
- 1 Zwiebel
- 200 g Risottoreis
- 1 dl/100 ml Weißwein
- 1 Kräutersträußchen, z. B. Salbei, Rosmarin, Thymian, gehackt
- 8 dl–1 l/800 ml–1 l heiße Gemüsebrühe
- 200 g gekochte Kastanien aus dem Glas oder 200 g tiefgekühlte Kastanien
- 1 dl/100 ml Rahm/Sahne
- fein gehackte glattblättrige Petersilie
- geriebener Sbrinz oder Pecorino, nach Belieben
- frisch gemahlener Pfeffer
- Olivenöl, zum Beträufeln

- 2 EL Olivenöl
- 300 g Pilze, je nach Saison
- Meersalz
- frisch gemahlener Pfeffer

• Zwiebel schälen und fein hacken, im mäßig warmen Olivenöl dünsten, Reis zufügen und glasig werden lassen, Weißwein und die Kräuter zugeben, nach und nach heiße Gemüsebrühe zugeben, immer wieder einkochen lassen. Die Garzeit beträgt etwa 20 Minuten. Der Reis soll noch Biss haben. Die gekochten Kastanien die letzten 5 Minuten mitkochen. Tiefgekühlte Kastanien 10 Minuten vor Ende der Garzeit zum Reis geben. Die Kastanien dürfen ohne Weiteres zerfallen. Risotto mit Rahm verfeinern und diesen ein wenig einkochen lassen. Kurz vor dem Servieren mit Petersilie und Pecorino bestreuen. Mit frisch gemahlenem Pfeffer bestreuen, nach Belieben mit einigen Tropfen Olivenöl abrunden.

• Pilze mit trockenem Tuch abreiben, je nach Größe halbieren, vierteln oder in Streifen schneiden, im Olivenöl braten, mit Salz und Pfeffer abschmecken, über den Risotto streuen, nach Belieben mit wenig Käse bestreut servieren.

Kastanien-Bohnen-Eintopf mit Lamm

- 2 EL Olivenöl
- 400 g Ragout von Lamm oder Rind
- 1–2 mittelgroße Zwiebeln
- 120 g getrocknete weiße Bohnen
- 120 g getrocknete Kastanien
- 1 Lorbeerblatt
- 2–3 EL Tomatenpüree
- 1½–2 dl/150–200 ml Rotwein
- ca. ½ l Gemüsebrühe
- 200 g Stangenbohnen
- 400 g eher mehliges Kürbisfleisch, z. B. Potimarron/ Oranger Knirps
- Kräutermeersalz
- frisch gemahlener Pfeffer
- gehackte Petersilie

• Die weißen Bohnen und die getrockneten Kastanien über Nacht getrennt in Wasser einweichen. Das Bohnenwasser weggießen, die Bohnen mit frischem Wasser aufsetzen, bei mittlerer Hitze rund 10 Minuten kochen, in ein Sieb abgießen. Das Einweichwasser der Kastanien weggießen, die braunen Häutchen und die braunen Stellen mit einem spitzen Messer entfernen.

• Die Zwiebeln schälen und achteln. Den Stielansatz der Bohnen wegschneiden, je nach Größe halbieren. Kürbisfleisch in Würfel schneiden.

• Fleisch im Olivenöl anbraten, Zwiebeln, weiße Bohnen, Kastanien, Lorbeerblatt sowie Tomatenpüree zugeben, den Rotwein angießen, einkochen lassen, Gemüsebrühe zufügen, bei schwacher Hitze kochen, bis die Bohnen und die Kastanien weich sind. Die grünen Bohnen etwa 25 Minuten, die Kürbiswürfel 10 Minuten mitkochen. Mit Kräutersalz und Pfeffer abschmecken. Die Petersilie unterrühren. Anrichten. Mit einigen Tropfen Olivenöl beträufeln.

Kastanien-Gemüse-Terrine

für eine kleine Terrineform

200 g geschälte Kastanien, Seite 31

50 g Brokkoliröschen

50 g Karottenwürfelchen

50 g rote Peperoni-/Gemüsepaprikawürfelchen

2 Eier

125 g Vollmilchquark

50 g altbackenes Ruch- oder Vollkornbrot, fein gerieben

1 Bund Petersilie

etwas frischer Thymian

Kräutermeersalz

frisch gemahlener Pfeffer

Paprikapulver

Reibkäse, nach Belieben

- Die Kastanien im Dampf weich garen, mit einer Gabel fein zerdrücken.

- Den Backofen auf 180 °C vorheizen.

- Brokkoli, Karotten und Peperoni im Dampf knackig garen.

- Kastanien, gegartes Gemüse, Eier, Quark und Brot gut vermengen. Die Kräuter fein hacken und unterrühren. Würzen. In eine eingefettete Terrineform füllen und glatt streichen.

- Die Terrineform in einen Bräter oder in ein anderes ofenfestes Geschirr stellen. Bis auf drei Viertel Höhe mit Wasser füllen. Im Ofen bei 180 °C 60 Minuten pochieren. Nadelprobe machen. Nach Belieben mit Reibkäse bestreuen, bei 220 °C schmelzen lassen. Warm oder kalt servieren.

Tipps Wer keine Terrineform hat, kann die Kastanienmasse auch in eingefettete Portionenförmchen füllen und im Wasserbad bei 180 °C rund 30 Minuten pochieren. Mit Salat, Gemüse und einer pikanten Sauce servieren.

Kastanienpuffer mit Linsen und Steinpilzen

für 3–4 Personen (12 Puffer)

1 EL Olivenöl
1 kleine Zwiebel
5 Salbeiblätter
1 Bund Petersilie
einige Rosmarinnadeln
100 g Steinpilze oder Champignons
30 g feine Speckstreifen, nach Belieben
150 g gekochte Kastanien, Seite 32
80 g gekochte Linsen
2 Eier
Kräutermeersalz
frisch gemahlener Pfeffer

Olivenöl, zum Braten

- Die Kastanien mit einer Gabel fein zerdrücken. Die Zwiebel schälen und fein hacken. Die Kräuter und die geputzten Pilze ebenfalls hacken.

- Zwiebeln, Kräuter, Pilze und Speck im Olivenöl andünsten. Abkühlen lassen. Kastanien, Linsen und Eier zugeben, vermengen. Würzen.

- In einer Bratpfanne wenig Olivenöl erhitzen. Kastanienmasse mit einem Esslöffel portionieren, die Klöße direkt in die Pfanne geben, von beiden Seiten kurz braten, insgesamt 5 Minuten.

Kastanien-Lamm-Burger

- 400 g gehacktes Lamm- oder Wildfleisch
- 1 kleine Zwiebel
- 1 Knoblauchzehe
- Majoran, Thymian und einige Rosmarinnadeln, fein gehackt
- 2 verquirlte Eier
- ½ Bio-Zitrone, abgeriebene Schale
- 200 g gekochte Kastanien aus dem Glas oder 200 g tiefgekühlte Kastanien
- Paprikapulver
- Kräutermeersalz
- frisch gemahlener Pfeffer

- Olivenöl

• Gefrorene Kastanien in wenig Gemüsebrühe 10 Minuten garen, Kochflüssigkeit abgießen, die Früchte grob hacken. Kastanien aus dem Glas ebenfalls grob hacken. Die Zwiebel und die Knoblauchzehe schälen und fein hacken.

• Sämtliche Zutaten gut vermengen, mit Paprika, Kräutersalz und Pfeffer würzen.

• Aus der Masse Burger formen, im Olivenöl beidseitig je 5 Minuten braten.

Abbildung

Knödel mit Kastanienfüllung

für 10–12 Knödel

- 1 kg mehligkochende Kartoffeln
- 2 Eigelbe
- 2 EL Vollkornmehl
- Meersalz
- geriebene Muskatnuss
- 10–12 gekochte Kastanien, Seite 32

• Die Kartoffeln schälen und würfeln, im Dampf weich garen. Noch heiß durch das Passevite drehen. Das Eigelb und das Mehl unterrühren. Es soll eine weiche, formbare Masse entstehen. Mit Salz und Muskatnuss würzen.

• Aus der noch warmen Kartoffelmasse von Hand 4 bis 5 cm große Kugeln formen, eine Vertiefung drücken und diese mit einer Kastanie füllen, wieder rund formen.

• In großem Kochtopf reichlich Salzwasser aufkochen. Die Knödel hineingeben, bei schwacher Hitze 10 Minuten ziehen lassen. Mit einem Schaumlöffel herausnehmen.

Tipp Als Beilage servieren.

Kastaniensoufflé mit Zwiebeln und Rosmarin

für 4–6 Souffléförmchen

1 EL Olivenöl
1 mittelgroße Zwiebel
1 Zweiglein Rosmarin
250 g gekochte Kastanien, Seite 32
100 g Butter
3 Eier
2 EL geriebener Gruyère
Meersalz
frisch gemahlener Pfeffer
1 Bio-Zitrone, abgeriebene Schale

Butter, für die Förmchen

- Die Zwiebel schälen und fein hacken. Rosmarinnadeln abstreifen und fein hacken. Die Kastanien in der Moulinette fein pürieren oder durch ein Passevite drehen.

- Die Zwiebeln mit dem Rosmarin im Olivenöl kurz dünsten, das Kastanienpüree zugeben, gut vermengen.

- Den Backofen auf 180 °C vorheizen. Die Souffléförmchen gut einfetten.

- Die Eier trennen. Die Eigelbe mit der Butter luftig aufschlagen. Die Kastanienmasse und den Käse unterrühren, mit Salz, Pfeffer und Zitronenschale würzen.

- Eiweiß zu steifem Schnee schlagen, unter die Kastanienmasse heben. In die eingebutterten Förmchen füllen.

- Die Förmchen in einen Bräter oder in eine große Gratinform stellen. Bis auf zwei Drittel Förmchenhöhe mit Wasser füllen. Soufflés im Backofen bei 180 °C auf mittlerem Einschub rund 45 Minuten pochieren. Nadelprobe machen.

Desserts

Mousse, Creme, Eis, Trüffel …

Marroni-Shake

für 1 Person

- 1 Kugel Vanilleeis
- 4 gekochte Kastanien aus dem Glas oder 1 EL Kastanienkonfitüre oder 1 EL gesüßtes Bio-Kastanienpüree
- 2 dl/200 ml Kuh- oder Reismilch

• Vanilleeis, Kastanien und Milch kräftig mixen.

• Marroni-Shake in ein hohes Glas füllen. Mit einem Trinkhalm genießen.

Abbildung

Kastanieneis Alfredo

- 350 g Kastanienkonfitüre oder 350 g gesüßtes Bio-Kastanienpüree
- 250 g Naturjoghurt
- 2½ dl/250 ml Milch
- 70 g Vollrohrzucker

• 250 g Kastanienkonfitüre, Joghurt, Milch und Zucker mit dem Schneebesen gut verrühren. Masse in Eismaschine (Sorbetière) füllen und gefrieren lassen. Je nach Gerät dauert das 20 bis 30 Minuten.

• Restliche Konfitüre von Hand sorgfältig unterziehen; nicht ganz verrühren, so bleibt das Marmormuster. Mit einem Esslöffel portionieren.

Variante Das Kastanieneis in eine Tiefkühldose füllen und im Tiefkühler gefrieren lassen.

Marroni-Schoko-Traum mit Orangenfilets

100 g Zartbitter-Schokolade
1–2 EL Wasser
300 g Vollmilchquark
200 g gesüßtes Bio-Kastanienpüree
1 unbehandelte Orange, abgeriebene Schale

unbehandelte Blondorangen

- Schokolade zerbröckeln, mit dem Wasser in ein kleines Gefäß geben und im warmen Wasserbad schmelzen.
- Flüssige Schokolade, Quark und Kastanienpüree glatt rühren, Orangenschale unterrühren.
- Marroni-Schoko-Creme in Dessertschalen oder -gläser füllen. Mindestens 30 Minuten kühl stellen.
- Orangen mit Schale in dünne Fruchtfilets schneiden, entkernen. Creme mit den Fruchtfilets garnieren.

Tipp Bei Verwendung von ungesüßtem Kastanienpüree Creme mit Kastanienhonig süßen (etwa 2 Esslöffel). Ergibt eine sehr aromatische Creme.

Kastanien-Quark-Creme

100 g gesüßtes Bio-Kastanienpüree
1 Eigelb
150 g Vollmilchquark
½ TL Zimt- oder Vanillepulver
1 dl/100 ml Rahm/Sahne

Früchte, nach Belieben

• Kastanienpüree, Eigelb und Quark glatt rühren. Mit Zimt aromatisieren. Rahm steif schlagen und unterziehen. In Gläser füllen, kühl stellen.

• Kastaniencreme mit Früchten garnieren.

Variante Bei ungesüßtem Kastanienpüree die Creme mit geschmacksneutralem Honig, z. B. 1 bis 2 Esslöffeln Akazienblütenhonig, süßen.

Kastanienblinis mit Beeren

für ca. 12 Blinis

100 g Kastanienmehl (aus luftgetrockneten Kastanien)
2 Eier
1 EL Vollrohrzucker
1 Prise Meersalz
1¼ dl/125 ml Milch
2 EL flüssige Butter
1 TL phosphatfreies Backpulver

Bratbutter/Butterschmalz

1 Becher (2 dl/200 ml) Rahm/Sahne
300–400 g Beeren
Vollrohrzucker oder Ahornsirup

• Sämtliche Zutaten für die Blinis in eine Schüssel geben und glatt rühren. 30 Minuten quellen lassen.

• In einer nicht klebenden Bratpfanne wenig Bratbutter zerlassen und für jedes Blini einen Schöpflöffel Teig in die Pfanne geben, beidseitig backen, je 2 bis 3 Minuten. Warm stellen. Immer wieder Bratbutter in die Pfanne geben.

• Rahm steif schlagen.

• Blinis auf Teller legen. Rahm und Beeren darauf verteilen. Mit wenig Vollrohrzucker bestreuen. Nach Belieben mit Zitronenmelisse garnieren.

Abbildung

Ananassalat mit Kastanienkrokant

1 reife Ananas

3–4 EL Kastanienlikör oder Amaretto

1 TL Vanillepulver

Krokant

120 g geschälte Kastanien, Seite 31

1 EL Kokosnussflocken

2 EL Vollrohrzucker

2 EL flüssige Butter

1 Prise Ingwerpulver

1 Becher (2 dl/200 ml) Rahm/Sahne

1 Prise Vanillepulver

Minze- oder Melisseblättchen, für die Garnitur

- Der Ananas oben und unten einen Deckel abschneiden. Frucht schälen. Braune Noppen mit spitzem Messer ausstechen. Ananas in Scheiben schneiden, harten Mittelteil entfernen. Ananas würfeln. Mit Kastanienlikör und Vanillepulver marinieren.

- Backofen auf 220 °C vorheizen.

- Kastanien im Dampf etwa 10 Minuten garen. Auskühlen lassen und grob hacken.

- Zerkleinerte Kastanien, Kokosnussflocken, Zucker, Butter und Ingwer mischen. In einer Gratinform verstreichen, im Ofen während 10 Minuten bei 220 °C zu knusprigem Krokant backen. Erkalten lassen, dann zerstoßen.

- Rahm mit Vanillepulver steif schlagen.

- Ananassalat in Dessertgläser oder -schalen füllen. Krokant darüberstreuen. Mit Rahm und Minzeblättchen garnieren.

Kastanienpancakes mit Erdbeer-Kumquat-Salat

für 8–10 Pancakes

100 g Kastanienmehl (aus luftgetrockneten Kastanien)

1 TL phosphatfreies Backpulver

1 Ei

1 EL Vollrohrzucker oder flüssiger Honig

¾ dl/75 ml Milch

1 Prise Meersalz

1 EL flüssige Butter

Olivenöl, zum Backen

Erdbeer-Kumquat-Salat

1 EL Ahornsirup

je 1 Bio- Zitrone und Bio-Orange, wenig abgeriebene Schale

300 g Erdbeeren

100 g Kumquats

wenig Zitronenverveine

- Für den Teig sämtliche Zutaten in eine Schüssel geben und glatt rühren. 30 Minuten quellen lassen.
- Ahornsirup und Zitrusfruchtschalen verrühren. Erdbeeren je nach Größe halbieren oder vierteln. Kumquats beidseitig kappen, samt Schale in feine Scheiben schneiden. Früchte mit Marinade vermengen, 30 Minuten marinieren. Kurz vor dem Servieren die in Streifchen geschnittenen Zitronenverveineblättchen untermischen.
- In einer nicht klebenden Bratpfanne wenig Olivenöl erhitzen. Teig esslöffelweise in die Pfanne geben, Pancakes beidseitig rund 2 Minuten backen.
- Pancakes mit Fruchtsalat auf Tellern anrichten.

Kastanien-Bananen-Creme

200 g ungesüßtes Bio-Kastanienpüree

1–2 kleine Bananen

2–4 EL Vollmilchquark

1 Msp Vanillepulver

½ Orange, Saft

1 Becher (2 dl/200 ml) Rahm/Sahne

Heidelbeeren oder Himbeeren, für die Garnitur

Kastanienlikör, nach Belieben

• Kastanienpüree, zerkleinerte Bananen, Quark, Vanillepulver und Orangensaft fein pürieren. Den Rahm steif schlagen und unterziehen.

• Kastanien-Bananen-Creme in Dessertschalen füllen, mit Früchten garnieren. Nach Belieben mit Kastanienlikör beträufeln.

Abbildung

Vermicelles

für 6–8 Personen

150 g weiche Butter

500 g ungesüßtes Bio-Kastanienpüree

1 Prise Vanillepulver oder einige Tropfen Vanilleessenz

75 g Kastanienblütenhonig

2 cl (20 ml) Zwetschgenwasser oder guter Grappa, nach Belieben

Meringues, für die Garnitur

Beeren, für die Garnitur

Schlagrahm/-sahne, für die Garnitur

• Butter luftig-cremig aufschlagen, bis sie weiß ist. Restliche Zutaten zugeben, am besten mit dem Stabmixer zu einer feinen, cremigen Masse rühren. 2 bis 3 Stunden kühl stellen.

• Kastanienmasse durch die Marronipresse auf Teller oder in Gläser drücken. Garnieren.

• **Zum Rezept** Es stammt von Monika Bürgi, die bis vor kurzem das Ristorante Michele in Arosia geführt hat. Es war nicht einfach, Monika das Rezept zu entlocken. Für mich sind diese Vermicelles Genuss total: Best of Vermicelles.

Birne mit Kastanienmousse

für 6–8 Personen

3–4 große, reife Williamsbirnen

150 g Mascarpone

200 g gesüßtes Bio-Kastanienpüree

100 g Zartbitter-Schokolade (dunkle Schokolade)

1 EL Kastanienlikör, nach Belieben

1 Prise Vanillepulver

2½ dl/250 ml Rahm/Sahne

Schokoladenspäne

• Die Schokolade zerbröckeln, in der Moulinette oder im Mixerglas fein hacken. Den Rahm steif schlagen.

• Mascarpone, Kastanienpüree, Likör und Vanillepulver miteinander verrühren. Die zerbröckelte Schokolade und den Rahm unterrühren. Die Mousse mindestens 2 Stunden kühl stellen.

• Birnen schälen, halbieren, das Kerngehäuse entfernen, im Dampf nicht zu weich garen. Abkühlen lassen.

• Die Birnenhälften auf Tellern anrichten. Von der Mousse mit einem Eisportionierer (immer wieder in heißes Wasser tauchen) Kugeln abstechen, auf die Birnen setzen. Mit den Schokospänen garnieren.

Tipp Die Mousse kann auch tiefgekühlt werden.

Bratapfel mit Kastanien-Nuss-Füllung

4–5 Äpfel, Boskop oder Maigold

Füllung

- 200 g gesüßtes Bio-Kastanienpüree
- 50 g geriebene Baum-/Walnüsse
- 2 EL grob gehackte Baum-/Walnüsse
- 3 EL Crème fraîche
- 1 Eigelb
- Zimtpulver
- 1 Bio-Orange, abgeriebene Schale

- Butter
- Vollrohrzucker
- gehackte Baum-/Walnüsse

- Backofen auf 200 °C vorheizen.
- Alle Zutaten für die Füllung mischen, mit Zimtpulver und Orangenschalen abschmecken.
- Äpfel quer halbieren, Kerngehäuse mit Kugelausstecher entfernen.
- Kastanienpüree in die Apfelhälften füllen, in eine mit Butter eingefettete Gratinform stellen. Butterflocken, Zucker und Nüsse darüberstreuen.
- Äpfel im vorgeheizten Ofen bei 200 °C 20 bis 25 Minuten backen.

Tessiner Kastanien-Schoko-Mousse

100 g Zartbitter-Schokolade
1–2 EL Wasser
400 g gesüßtes Bio-Kastanienpüree
200 g Mascarpone
6 EL Kastanienlikör oder Amaretto
½ TL Vanillepulver

4 Orangen
Kastanienlikör

• Schokolade zerbröckeln, mit dem Wasser in ein kleines Gefäß geben und im warmen Wasserbad schmelzen.

• Schokolade, Kastanienpüree und Mascarpone glatt rühren, mit Kastanienlikör und Vanillepulver aromatisieren. In Tiefkühldose füllen, im Tiefkühler fest werden lassen.

• Für die Garnitur von zwei Orangen mit Ziseliermesser oder Sparschäler Streifchen abziehen. Orangen schälen und auch die weiße Haut entfernen, Fruchtfilets vorsichtig aus den Trennhäutchen lösen und entkernen.

• Von der Mousse mit Eisportionierer (immer wieder in heißes Wasser tauchen) Kugeln abstechen, mit Orangenfilets auf Tellern anrichten, mit Kastanienlikör beträufeln und Orangenschalenstreifchen garnieren.

Variante Bei Verwendung von ungesüßtem Kastanienpüree etwa 80 g feinen Vollrohrzucker unter die Masse rühren.

Zum Rezept Diese Mousse ist von einem Tessiner Restaurateur kreiert worden. Sie muss nicht unbedingt gefroren sein. Man kann wenig Schlagrahm unterziehen und die Creme mit einem Esslöffel portionieren.

Zweifarbige Kastanienmousse

für 6–8 Personen

100 g Zartbitter-Schokolade
1–2 EL Wasser
400 g ungesüßtes Bio-Kastanienpüree
200 g Puderzucker aus Vollrohrzucker (Reformhaus)
100 g weiche Butter
100 g Crème fraîche
100 g geriebene Mandeln
1 EL Kirsch

- Schokolade zerbröckeln, mit dem Wasser in ein kleines Gefäß geben und im warmen Wasserbad schmelzen.
- Schokolade, Kastanienpüree, 100 g Puderzucker und weiche Butter in einer nicht zu kleinen Schüssel glatt rühren. 15 Minuten kühl stellen.
- Crème fraîche, Mandeln und restlichen Puderzucker glatt rühren. Kirsch unter Rühren langsam zufügen. Die Masse darf nicht dünnflüssig werden!
- Mandelmasse zur Kastanienmasse geben, mit einem Spatel einige Male kreuzweise durchziehen, ohne die beiden Massen ganz zu vermischen (Marmormuster). Creme etwas zusammendrücken und glatt streichen. 12 Stunden kühl stellen.
- Aus der Mousse mit einem Esslöffel Klößchen abstechen, auf Tellern anrichten. Den Löffel immer wieder in kaltes Wasser tauchen. Mit Früchten garnieren.

Apéritif à l'ardèchoise

1 Teil Kastanienlikör

9 Teile gut gekühlter trockener Weißwein

- Kastanienlikör und Weißwein gut miteinander verquirlen.
- Apéritif in Champagnerschalen oder Weißweingläsern servieren.

Kastanienflocken mit Beeren

für 1 Person

2–3 EL Kastanienflocken

150 g Beeren, z. B. Erdbeeren, Himbeeren, Brombeeren, Heidelbeeren, je nach Saison

1 Prise Vanillepulver

3 EL Rahm/Sahne

1 TL Ahornsirup

- Kastanienflocken in eine Portionenschale füllen. Beeren darauf verteilen. Vanillepulver, Rahm und Ahornsirup verrühren und über die Beeren träufeln. Sofort servieren.

Tipp Wenn man Kastanienflocken und grobe Kokosnussraspeln im Verhältnis 1:1 mischt, erhält man eine knusprige, leicht süße Zwischenverpflegung für die Kinder.

Kastanienparfait mit Erdbeeren

2–3 Eigelbe

2 EL Akazienhonig

200 g ungesüßtes Bio-Kastanienpüree

3 dl/300 ml Rahm/Sahne

1 Msp Vanillepulver

1 EL Kastanienlikör oder Amaretto

Früchte, für die Garnitur

Zitronenmelisse, nach Belieben

Schlagrahm/-sahne, nach Belieben

• Eigelbe und Honig in der Küchenmaschine mindestens 10 Minuten cremig aufschlagen. Oder von Hand mit dem Schneebesen 15 Minuten aufschlagen. Das Kastanienpüree unterrühren.

• Rahm mit Vanillepulver steif schlagen und unter die Kastanienmasse ziehen.

• Parfaitmasse in Portionenförmchen füllen, im Tiefkühler fest werden lassen.

• Parfait 10 Minuten vor dem Servieren in den Kühlschrank stellen. Förmchen in heißes Wasser tauchen, den Rand mit einem Messer lösen, Köpfchen stürzen. Mit Kastanienlikör beträufeln. Mit Beeren umgeben. Nach Belieben mit Schlagrahm und Zitronenmelisse garnieren.

Variante Das Kastanienpüree durch Kastanien aus dem Glas ersetzen, pürieren. Oder tiefgekühlte Kastanien im Dampf weich garen, pürieren.

Tessiner Kastanienpralinen

für ca. 25 Pralinen

30 g Rosinen

2–3 EL Kastanienlikör oder Amaretto

100 g gekochte Kastanien aus dem Glas

50 g Pinienkerne

50 g Mandeln oder Baum-/Walnüsse

30 g Kokosnussflocken

30 g Zartbitter-Schokolade

¼ TL Vanillepulver

ca. 1 EL Kastanien- oder Akazienhonig

Kakaopulver oder geriebene Schokolade, zum Wenden

Pralinenförmchen

- Rosinen mit Likör einige Stunden marinieren.

- Rosinen, Kastanien, Pinienkerne, Mandeln, Kokosnussflocken und Schokolade in der Moulinette oder im Mixerglas zu einer feinen Masse verarbeiten. Vanillepulver und Honig unterrühren.

- Aus der Pralinenmasse von Hand kleine Kugeln formen, im Kakaopulver oder in den Schokospänen wenden, in die Pralinenförmchen setzen.

Kastanientrüffel mit Amaretti

für 24 Trüffel

200 g gesüßtes Bio-Kastanienpüree

50 g Zartbitter-Schokolade, fein gehackt

2 EL Kakaopulver, evtl. gemischt mit geriebener Zartbitter-Schokolade

ca. 60 g zerdrückte Amaretti

2 EL Kastanien- oder Orangenlikör (Grand Marnier)

1 Bio-Orange, wenig abgeriebene Schale

geriebene Schokolade oder Kakaopulver, zum Wenden

Pralinenförmchen

- Sämtliche Zutaten für die Trüffel gut mischen, kleine Kugeln formen. In der geriebenen Schokolade oder im Kakaopulver wenden. Nach Belieben in Pralinenförmchen setzen.

Gebäck

Torte, Muffin, Waffeln, Cake …

Kastaniengugelhupf

für eine mittelgroße Gugelhupfform

- 4 Eigelbe
- 150 g Vollrohrzucker oder Kastanienhonig
- 100 g weiche Butter oder 80 g Olivenöl
- 200 g ungesüßtes Bio-Kastanienpüree
- 50 g geriebene Mandeln oder Haselnüsse
- 1 EL Kastanienlikör
- 4 Eiweiß

Puderzucker, zum Bestäuben

• Backofen auf 200 °C vorheizen. Gugelhupfform mit Butter einfetten, mit Mehl ausstäuben.

• Eigelbe und Zucker luftig-cremig aufschlagen. Butter, Kastanienpüree, Mandeln und Kastanienlikör unterrühren. Eiweiß steif schlagen, portionsweise unter den Teig ziehen. In die vorbereitete Form füllen.

• Gugelhupf in der Mitte in den Ofen schieben, bei 200 °C 45 Minuten backen. Aus der Form stürzen, mit Puderzucker bestäuben.

Kastanienpie

für eine runde Form von 28 cm Durchmessser oder 8 Förmchen

1–2 ausgerollte Bio-Mürbeteige

Füllung

- 3 Eier
- 300 g gesüßtes Bio-Kastanienpüree
- 2 EL Kastanienlikör
- 1 Bio-Orange, abgeriebene Schale
- 2 dl/200 ml Rahm/Sahne
- 1 Prise Zimtpulver

Puderzucker, zum Bestäuben

- Den Backofen auf 180 °C vorheizen.
- Für die Füllung alle Zutaten gut verrühren.
- Mürbeteig in die mit Butter eingefettete Form legen oder 8 kleine Rondellen ausstechen und in die eingefetteten Förmchen legen, Füllung darauf verteilen.
- Form/Förmchen in der Mitte in den Ofen schieben, bei 180 °C 15 bis 20 Minuten backen. Nadelprobe machen.
- Pie/Pies mit Puderzucker bestäuben.

Mürbeteig Wenn man kleine Formen verwendet, braucht man zwei Teigrollen, bei einer großen Pie von 28 cm Durchmesser reicht eine Rolle.

Variante Teigboden mit grob gehackten Baum-/Walnüssen bestreuen und die Füllung darauf verteilen.

Feine Kastanientorte mit Schokospänen

für eine Springform von 26 cm Durchmesser

- 300 g geschälte Kastanien, Seite 31
- 200 g weiche Butter
- 4 EL Akazienhonig
- 5 Eigelbe
- ½ TL Vanillepulver
- 1 Bio-Orange, abgeriebene Schale
- 1 Prise Zimtpulver
- 5 Eiweiß
- 1 EL Mehl

Schokospäne oder geriebene Schokolade

- Kastanien im Dampf weich garen, durch das Passevite drehen und abkühlen lassen.

- Backofen auf 190 °C vorheizen. Boden der Springform mit Backpapier belegen, Rand gut einfetten.

- Butter und Honig luftig-cremig aufschlagen, Eigelbe nach und nach beifügen, Gewürze und Kastanienpüree unterrühren.

- Eiweiß steif schlagen, mit Mehl unter die Kastanienmasse ziehen. Teig in die Form füllen und glatt streichen.

- Form in der Mitte in den vorgeheizten Ofen schieben, Kastanientorte bei 190 °C rund 50 Minuten backen. Nadelprobe machen. Etwas auskühlen lassen. Den Rand sorgfältig lösen, Torte stürzen, Backpapier entfernen. Mit Schokospänen bestreuen.

Kastanienroulade

Biskuitmasse
- 100 g Dinkelvollkornmehl
- 75 g Kastanienmehl (aus luftgetrockneten Kastanien)
- 1 TL phosphatfreies Backpulver
- 1 Prise Vanillepulver
- 1 Prise Meersalz
- 4 Eigelbe
- ½ dl/50 ml lauwarmes Wasser
- 100 g Akazienhonig
- 4 Eiweiß

- Vollrohrzucker

Füllung
- 1–2 EL Kastanienlikör oder Amaretto
- 3–4 EL gesüßtes Bio-Kastanienpüree
- 2 dl/200 ml Rahm/Sahne
- 1 Handvoll Saisonbeeren

• Backofen auf 220 °C vorheizen. Rücken eines rechteckigen Backbleches mit Backpapier belegen.

• Dinkel- und Kastanienmehl, Backpulver, Vanillepulver und Salz mischen.

• Eigelbe, Wasser und Honig mit Stabmixer oder Schneebesen mindestens 10 Minuten luftig aufschlagen. Die Masse muss weiß sein.

• Eiweiß zu Schnee schlagen.

• Mehl und Eischnee abwechslungsweise unter Eigelbcreme heben.

• Teig auf Blechrücken rechteckig ausstreichen. Blech in der Mitte in den Ofen schieben und das Biskuit bei 220 °C 13 Minuten backen. Biskuit auf ein mit Vollrohrzucker bestreutes Geschirrtuch stürzen und mit warmem Blech zudecken. 5 Minuten auskühlen lassen, dann das Biskuit mit Hilfe des Tuches aufrollen und vor dem Füllen ganz auskühlen lassen.

• Kastanienlikör unter Kastanienpüree rühren. Rahm steif schlagen und unterziehen. Auf dem Biskuit verstreichen, mit Beeren belegen. Vorsichtig aufrollen. 1 bis 2 Stunden ruhen lassen. Mit scharfem Messer in Scheiben schneiden.

Kastaniensavarin au rhum

für 4 kleine Savarinförmchen

300 g ungesüßtes Bio-Kastanienpüree
100 g feiner Vollrohrzucker
2 kleine Eier
60 g weiche Butter
1 dl/100 ml weißer Rum
30 g Rosinen
ca. 1 dl/100 ml Milch
1 Prise Meersalz

- Kastanienpüree, Zucker, Eigelbe, Butter und 2 Kaffeelöffel Rum glatt rühren. Rosinen unterrühren. Nur so viel Milch beigeben, dass die Masse dickflüssig bleibt!

- Backofen auf 200 °C vorheizen. Förmchen mit Butter einstreichen.

- Eiweiß mit Prise Salz sehr steif schlagen, sorgfältig unter die Kastanienmasse ziehen, in die Förmchen füllen.

- Kastanienküchlein auf der untersten Schiene in den Ofen schieben und bei 200 °C 20 Minuten backen.

- Kastanienköpfchen noch warm auf Teller stürzen. Restlichen Rum erwärmen und über die Köpfchen gießen, sofort anzünden (flambieren).

Wichtig Die Masse muss unbedingt in einer Form mit einem Loch in der Mitte gebacken werden. Nicht zu hoch einfüllen, damit das Ganze durchbacken kann.

Kastanien-Tiramisu

für 8–12 Personen
für eine rechteckige Form

Biskuitteig

- 4 Eier
- 3 EL Kastanienlikör oder Amaretto
- 3 EL Akazienhonig
- 150 g Kastanienmehl (aus luftgetrockneten Kastanien)
- 50 g Dinkelvollkornmehl
- 1 Prise Meersalz
- 1 Bio-Orange, abgeriebene Schale
- phosphatfreies Backpulver

Füllung

- 500 g Mascarpone
- 200 g gesüßtes Bio-Kastanienpüree
- 3 EL Kastanienlikör oder Amaretto
- 1 Bio-Orange, abgeriebene Schale oder 1 Msp Vanillepulver
- 1 EL Akazien- oder Kastanienhonig
- 2½ dl/250 ml Rahm/Sahne
- 3½ dl/350 ml starker Kaffee (Espresso)
- Kakaopulver, zum Bestäuben

• Für das Biskuit Eier mit Likör und Honig in der Küchenmaschine mindestens 10 Minuten luftig aufschlagen. Bei Verwendung des Handmixers oder eines Schneebesens die Eier trennen und das Eiweiß getrennt steif schlagen und später mit dem Mehl unter die Eimasse heben.

• Backofen auf 220 °C vorheizen.

• Mehle, Salz, Backpulver und Orangenschale mischen, in Portionen unter die Eimasse ziehen. Oder Mehl und Eischnee abwechslungsweise unter die Eigelbmasse heben. Teig auf dem mit Backpapier belegten Blechrücken (rechteckiges Blech) 1 cm dick ausstreichen (doppelt so groß wie die Form).

• Form in der Mitte in den Ofen schieben und das Biskuit bei 220 °C 13 Minuten backen; es darf etwas knusprig sein.

• Sämtliche Zutaten für die Füllung gut verrühren.

• Kastanienbiskuit halbieren, eine Hälfte in die Form legen, mit der Hälfte des Kaffees beträufeln und mit der Hälfte der Kastaniencreme bedecken, zweites Biskuit darauflegen, mit restlichem Kaffee beträufeln und restlicher Creme bedecken. Einige Stunden kühl stellen. Vor dem Servieren mit Kakaopulver bestäuben.

Tipp Tiramisu vor dem Servieren mit Kakaopulver bestäuben.

Zum Rezept Weniger intensiv wird der Kastaniengeschmack, wenn man für das Biskuit das Kastanienmehl durch Dinkelmehl ersetzt.

Kastanien-Bananen-Muffins

für 10–12 Muffins

- 150 g weiche Butter
- 150 g Vollrohrzucker
- 2 Eier
- 200 g Kastanienmehl (aus luftgetrockneten Kastanien)
- 100 g Dinkelvollkornmehl
- 2 TL phosphatfreies Backpulver
- 1 TL Zimtpulver
- 1 TL Vanillepulver
- 1 Prise Meersalz
- 300 g geschälte Bananen

• Butter und Zucker mit Stabmixer oder Schneebesen mindestens 10 Minuten luftig aufschlagen. Eier nach und nach zugeben. Mehl, Backpulver und Gewürze mischen und unterrühren. Bananen mit einer Gabel fein zerdrücken oder mixen, ebenfalls unterrühren.

• Backofen auf 190 °C vorheizen.

• Teig in mit Butter eingefettete Portionenförmchen oder Papierförmchen (für eine schöne Form 3 Papierförmchen ineinanderstecken) füllen.

• Muffins in der Mitte in den Ofen schieben und bei 190 °C rund 25 Minuten backen. Nadelprobe machen.

Kastanienwaffeln

- 150 g Kastanienmehl (aus luftgetrockneten Kastanien)
- 150 g Dinkelvollkornmehl
- 100 g geschälte Mandeln
- 1 Msp Meersalz
- 1 Bio-Orange, abgeriebene Schale
- 4 Eier
- 2 dl/200 ml Milch
- 2 EL Akazienhonig
- 1 EL Kastanienlikör oder Amaretto
- ½ TL Vanillepulver

• Mandeln auf ein Backblech verteilen und im Backofen bei 200 °C rösten. Abkühlen lassen und fein reiben.

• Mehle, geriebene Mandeln und Salz mischen, restliche Zutaten zugeben, zu einem glatten Teig rühren. Mindestens 15 Minuten quellen lassen.

• Teig portionieren, im Waffeleisen Waffeln ausbacken.

Tipp Mit Beeren und Schlagrahm servieren.

Kastanienbrot mit Pinienkernen

für 2–3 Brote

300 g Kastanienmehl (aus luftgetrockneten Kastanien)

1 kg Dinkelvollkorn- oder Dinkelruchmehl

30 g Meersalz

60 g Hefe

ca. 6 dl/600 ml lauwarmes Wasser

2 EL Pinienkerne

- Mehle und Salz in einer Schüssel mischen, eine Vertiefung drücken. Die in wenig lauwarmem Wasser aufgelöste Hefe mit restlichem Wasser in die Vertiefung geben. Zu einem Teig zusammenfügen und 10 Minuten kräftig kneten. Der Teig hat die richtige Beschaffenheit, wenn er an den Händen nicht mehr klebt. Den Teig in eine Schüssel legen und diese mit einem feuchten Tuch zudecken. Teig 1½ Stunden gehen lassen.

- Backofen auf 170 °C vorheizen.

- Teig nochmals kräftig kneten, Pinienkerne gut einkneten.

- Aus dem Teig 2 bis 3 längliche Brotlaibe formen, auf ein mit Backpapier belegtes Blech legen. Oberfläche einige Male nicht zu tief einschneiden. Kastanienbrote in der Mitte in den Ofen schieben, bei 170 °C 35 Minuten backen.

Wichtig Der Teig läuft ein wenig in die Breite. Für ein hohes Brot den Teig in 2 eingefettete Cake-/Kastenformen von 28 cm Länge füllen. Die Backzeit bleibt sich gleich.

Tipps Bei kleinem Brotbedarf kann die Menge halbiert werden. Kastanienbrot, frische Butter und Kastanienhonig machen das Frühstück zum kulinarischen Erlebnis.

Kastaniencake

für eine Cakeform von 26 cm Länge

- 150 g weiche Butter
- 150 g Vollrohrzucker
- 3 Eier
- 150 g Dinkelvollkornmehl
- 50 g Pfeilwurzelmehl
- 1 TL phosphatfreies Backpulver
- ½ TL Lebkuchengewürz
- ½ TL Zimtpulver
- ½ Bio-Orange, abgeriebene Schale
- 150 g gekochte Kastanien, Seite 32
- 4 EL Kastanienlikör
- 10 geschälte, gekochte Kastanien

- 3 EL Mandelstifte, für die Form

• Backofen auf 200 °C vorheizen. Cakeform mit Butter einfetten. Mandelstifte auf den Boden verteilen.

• Butter und Zucker mit Stabmixer oder mit Schneebesen mindestens 10 Minuten luftig aufschlagen. Eier nach und nach zugeben.

• Mehle, Backpulver und Gewürze mischen, zur Buttermasse geben und glatt rühren. Kastanien (150 g) mit einer Gabel zerdrücken, zusammen mit Kastanienlikör unter den Teig rühren.

• Teig in die vorbereitete Cakeform füllen, glatt streichen. Restliche Kastanien in den Teig drücken.

• Kastaniencake in der Mitte in den Ofen schieben und bei 200 °C 50 bis 60 Minuten backen. Nadelprobe machen.

Kastanienfocaccia mit Oliven, Sardellen und Peperoncini

für 4 runde Focacce oder 1 viereckiges Backblech

300 g Kastanienmehl (aus luftgetrockneten Kastanien)
300 g Dinkel- oder Weizenruchmehl
1 TL Meersalz
1 Hefewürfel (42 g)
ca. 4 dl/400 ml lauwarmes Wasser
1 EL Olivenöl

Belag
120 g Sardellenfilets
1 roter Peperoncino/Pfefferschote
einige Pinienkerne
30 schwarze Oliven
reichlich frische Rosmarinnadeln
Meersalz

2–3 EL Olivenöl

- Mehle auf die Arbeitsfläche häufen und eine Vertiefung drücken. Salz auf den Rand streuen. Hefe zerbröckeln und in die Vertiefung geben. Lauwarmes Wasser nach und nach zur Hefe geben, immer wieder mit etwas Mehl vermengen. Das Ganze zusammenfügen und Olivenöl einkneten, Teig etwa 10 Minuten von Hand oder in der Küchenmaschine kneten, in eine Schüssel legen. Diese mit feuchtem Tuch zudecken. Teig auf das doppelte Volumen aufgehen lassen.

- Backofen auf 220 °C vorheizen.

- Rosmarinnadeln grob hacken. Sardellenfilets ebenfalls hacken. Peperoncino in feine Ringe schneiden.

- Teig nochmals durchkneten und je nach Blechgröße portionieren. Von Hand etwa 5 mm dicke Fladen ausziehen/formen und in das eingefettete Blech legen. Sardellen, Peperoncini, Pinienkerne und Oliven darauf verteilen. Die Rosmarinnadeln darüberstreuen. Mit Salz abrunden.

- Foccace in der Mitte in den Ofen schieben und bei 220 °C 12 bis 15 Minuten backen. Mit Olivenöl beträufeln.

Tipp An heißen Sommertagen mit einem bunten Salat als Hauptspeise servieren. Gut dazu passt ein Glas Weißwein oder ein Glas Rosé.

Variante Focacce nur mit Rosmarinnadeln, Salz und Olivenöl bestreuen. Der Teig eignet sich auch für Pizzas.

Tourte aux truites et aux marrons
Pikanter Fisch-Kastanienkuchen

für ein hohes Blech von 24 cm Durchmesser

300 g Blätterteig

40 g Butter
2 kleine Zwiebeln
100 g Champignons
4 Forellenfilets, ca. 300 g
150 g grob gehackte, gekochte Kastanien, Seite 32

Guss
2 große Eier
100 g Crème fraîche
Meersalz
frisch gemahlener Pfeffer
1 Bund Schnittlauch

- Backofen auf 210 °C vorheizen.
- Blätterteig 2 bis 3 mm dick ausrollen, in das eingefettete Blech legen. Teig mit einer Gabel einige Male einstechen. Blätterteigboden im Ofen bei 210 °C auf mittlerem Einschub 10 Minuten vorbacken.
- Zwiebeln schälen und fein hacken. Pilze putzen und in feine Scheiben schneiden. Zwiebeln und Pilze in der Butter kräftig dünsten, bis fast alle Flüssigkeit verdampft ist. Abkühlen lassen.
- Guss zubereiten. Schnittlauch fein schneiden, unterrühren.
- Haut der Forellenfilets abziehen, Fisch mit Salz und Pfeffer würzen, auf den Teigboden verteilen. Pilze und Kastanien darauf verteilen. Guss darübergießen.
- Blätterteigkuchen in der Mitte in den Ofen schieben und bei 210 °C 30 Minuten backen.

Veranstaltungen

Kastanienfeste und -Lehrpfade in der Deutschschweiz

«Chestene-Chilbi» in Greppen am Vierwaldstättersee
Jeweils am 4. Sonntag im Oktober von 10 bis 17 Uhr dreht sich an der «Chestene-Chilbi» in Greppen LU alles um die Edelkastanie. Am größten Schweizer Markt für Kastanienprodukte gibt es thematisch wechselnde Ausstellungen, Fachreferate, Demonstrationen usw. Zudem können diverse Kastanien-Spezialitäten degustiert werden. Publikationsorgan der IG Pro Kastanie Zentralschweiz ist die «Chestene-Zytig».

Infos: IG Pro Kastanie Zentralschweiz, Reuss-Straße 4, 6038 Gisikon, Tel. 041 450 21 38, rigi-rondell@dplanet.ch, www.kastanien.net

Rigi-Chestene-Weg
Über bestehende Wanderwege führt er von Immensee/Küssnacht dem Rigi-Südhang entlang über Greppen, Weggis, Vitznau, Gersau nach Brunnen-Ingenbohl. Er ist beschildert und mit Informationstafeln versehen.

Infos: www.kastanien.net

Ausstellung zur Kastanienkultur in der Schweiz auf dem Ballenberg, Brienz
Auf Initiative der IG Pro Kastanie Zentralschweiz ist die Kastanienkultur im Tessiner Dorf des Freilichtmuseums mit allen Sinnen erlebbar. Es wird informiert über Kastanienprodukte, deren Verarbeitung und die Bedeutung der Selven für die Landschaft. In den Shops werden Kastanien-Spezialitäten angeboten; in den Restaurants werden saisonale Kastanien-Gerichte gekocht.

Infos: Tel. 033 952 10 30, www.ballenberg.ch

Vom Kastanien- zum Arvenwald in Murg
Am Walensee befindet sich einer der größten Edelkastanienwälder nördlich der Alpen. Ein Wanderweg (ab Bahnhof Murg) führt ins Naturwaldreservat Murgtal zu einem einzigartigen, uralten Arvenwaldbestand auf rund 1800 m ü. M. Edelkastanien sind ein fester Bestandteil der Murger Chilbi jeweils am Wochenende nach dem 16. Oktober. Der verantwortliche Verein Pro Kastanie Murg publiziert einmal jährlich «s'Cheschtänäblatt» mit viel Wissenswertem.

Infos: Verein Pro Kastanie Murg, 8877 Murg, www. kastaniendorf.ch

Kulinarik auf dem Walensee
Immer schnell ausgebucht sind die Walensee-Kulinarik-Fahrten Ende Oktober, wenn Wild, kombiniert mit Kastanien-Spezialitäten, auf der Speisekarte steht.

Infos: Tel. 081 720 34 34, info@walenseeschiff.ch, www.walenseeschiff.ch

Kastanienfeste und -Lehrpfade in der Süd- und Westschweiz

Im Herbst finden in der Südschweiz fröhliche Kastanienfeste statt, an denen die goldbraunen Früchte in unterschiedlichster Form angeboten werden.

Infos: kastanienland.ch

Sopraceneri
Die bekannteste «Castagnata» findet jeweils am ersten und zweiten Samstag im Oktober in Ascona statt. Kleinere Feste gibt es in den umliegenden Dörfern, so in Arcegno, Brione s/Minusio, Cugnasco, Indemini, Intragna, Losone, Muralto, Ronco s/Ascona, Sonogno.

Infos: Tel. 0848 091 091, www.ascona-locarno.com

Wandern auf einem alten Römerweg
Die Strada Alta beginnt in Airolo und endet in Biasca.
Ab Calonico führt sie vielfach durch die lockeren Kastanienwälder der Leventina. In Biasca erinnert ein am Fuße eindrücklicher Felswände liegender, 2 km langer Kreuzweg durch den Kastanienwald des örtlichen Patriziats an eine von Traditionen und geschichtlichen Einflüssen geprägte Vergangenheit. Start/Ziel bei der Pfarrkirche San Carlo.

Infos: Ticino Turismo, Via Canonico Ghiringhelli 7, 6501 Bellinzona, Tel. 091 825 70 56, www.ticino.ch

Sottoceneri
Auch im Mendrisiotto werden die Kastanientraditionen gepflegt: Im Valle di Muggio wird die «Sagra della Castagna» alljährlich Mitte Oktober jeweils in einem anderen Dorf durchgeführt.
Auf den Infotafeln der «Sentée da l'albur», die von Morbio Superiore über Caneggio nach Bruzzella führt, erfährt man zusätzliche Aspekte rund um die Kastanie. Im Museo etnografico della Valle di Muggio in Cabbio befindet sich eine interessante Ausstellung über das «Brot der Armen».

Infos: Tel. 091 690 20 38, info@mevm.ch, www.mevm.ch, www.mendrisiottoturismo.ch, www.ticino.ch

Kastanien-Wanderweg im Malcantone
Die waldreiche Region zwischen dem Monte Lema und dem Luganersee wird seit Jahrhunderten von den Edelkastanien geprägt. 1996 wurde der «Sentiero del castagno», ein 10 km langer Rundwanderweg ab Arosio eröffnet, der weit mehr als nur Kastanienwälder zu bieten hat.

Infos: Lugano Turismo, 6900 Lugano,
Tel. 058 866 66 00, info@luganoturismo.ch,
www.luganoturismo.ch

Kastanien-Festival und -Lehrpfad im Bergell
Im bündnerischen Bergell (Val Bregaglia) befindet sich einer der größten Kastanienwälder Europas. Der einstündige Spaziergang auf dem Lehrpfad bei Castasegna ist zur Erntezeit im Spätherbst ein besonderes Erlebnis. Dann ist auch die Dörrhütte (Cascine) in Betrieb.
Kastanienfestivals (in den ersten drei Oktoberwochen) mit spannenden Anlässen in verschiedenen Ortschaften zu Themen wie Natur, Kultur, Wissen, Wanderungen, Kulinarik und vielem mehr.

Infos: Bregaglia Engadin Turismo, 7605 Stampa (GR),
Tel. 081 822 15 55, info@bregaglia.ch
Programm: www.festivaldellacastagna.ch
www.bregaglia.ch

Lehrpfad und Fête de la Châtaigne in Fully/VS
Jeweils Mitte Oktober findet ein attraktiver Kastanienmarkt statt. Informativer Rundgang durch den großen Kastanienwald, bei dem die Teilnehmer Kastanien sammeln dürfen.

Infos: Fully Tourisme, Tel. 027 746 20 80, www.fully.ch

Deutschland

Pfälzer Keschdeweg in der Südpfalz
Von Hauenstein im Süden, über Annweiler, Landau-Land, Edenkoben und Maikammer bis nach Neustadt an der Weinstraße, Gesamtstrecke ca. 60 km. Kastanienblütentage Mitte/Ende Juni mit geführten Wanderungen und Kastanienblütenfeste. Kastanientage in der Südpfalz während der Erntezeit der Pfälzer Esskastanien vom 1. Oktober bis 15. November

Infos: www.keschdeweg.de

Keschdefeschd in Annweiler am Trifels
Jährlich am 1. Wochenende im Oktober mit Krönung der Kastanienprinzessin.

Infos: Büro für Tourismus,
Messplatz 1, D-76855 Annweiler am Trifels
Tel. +49 (0) 63 46 – 22 00
trifelsland@annweiler.rlp.de, www.trifelsland.de

Wein- und Kastanienmarkt in Edenkoben
Jährlich am 2. Wochenende im Oktober.

Infos: Tourismusbüro Südliche Weinstraße, Poststr. 23,
67480 Edenkoben, Tel. 063 23 – 95 92 22,
www.edenkoben.de, www.garten-eden-pfalz.de

Kastanienwoche und Kastanienmarkt in Hauenstein
Jährlich Mitte Oktober (2. Oktoberwoche + 3. Sonntag im Oktober)

Infos: Tourist-Info-Zentrum Pfälzerwald, Schuhmeile 1,
76846 Hauenstein, Tel. 063 92 – 923 33 80,
www.hauenstein.de, tourismus@hauenstein.rlp.de

Keschteweg und Keschtefeste Oberweier
Rundwanderweg um das Keschtedorf Oberweier mit herrlichen Ausblicken ins Rheintal und in die Vogesen, Länge ca. 5,6 km.
Keschtefeste an den 4. Oktobersonntagen.

Infos: Tourismus Zweckverband «Im Tal der Murg»,
Am Bahnhofsplatz 1, 76571 Gaggenau,
Tel. 072 25 – 98 21 60, info@murgtal.org,
www.murgtal.org, www.schwarzwald-tourismus.info

Österreich

Kastanienfest in Klostermarienberg, Burgenland
Jährlich am 26. Oktober.

Infos: Verein D'Kästnklauba, 7444 Klostermarienberg,
kontakt@kastanienfest.at, www.kastanienfest.at

Wanderweg + Waldlehrpfad durch den Edelkastanienwald am Attersee im Salzkammergut
Länge ca. 1,3 km.

Infos: Tourismusverband Attersee-Salzkammergut;
Nußdorfer Straße 15; A-4864 Attersee am Attersee,
Tel. 076 66 – 77 19, info@attersee.at, www.attersee.at

Kastanienfest in Unterach am Attersee, Salzkammergut
Jährlich Mitte Oktober.

Infos: 4866 Unterach am Attersee,
www.salzkammergut.at, info.unterach@attersee.at

Südtirol/Italien

Meraner Land: Kastanientage in Tisens, Prissian, Völlan und Lana
Volksfest-Charakter haben die Keschtn- und Törggeltage im Südtirol. Hier, wo Kastanien und Reben gedeihen, kommen alle Sinne auf ihre Rechnung. An den diversen Anlässen im Oktober werden nicht nur mit Showcooking verbundene Keschtn-Spezialitäten verkostet, sondern natürlich auch der Wein.

Infos: www.keschtnriggl.it/programm.html
www.meranerland.org, www.suedtirol.com

Eisacktal: Keschtnweg und Kastanienwochen
Ein Band von Kastanienhainen erstreckt sich vom Kloster Neustift bei Brixen den Eisacktalerhängen entlang bis hin zum Rittner Hochplateau und hinunter in den Bozner Talkessel zur legendären Bilderburg Runkelstein. Viele Gastrobetriebe verwöhnen die Gäste Ende Oktober/Anfang November mit rezenten und süßen Kastanien-Spezialitäten.

Infos: Tourismusverband Eisacktal,
Großer Graben 26a, 39042 Brixen, Tel. 0472 802 232,
info@eisacktal.com, www.eisacktal.com

Feldthurnser Keschtnigl
Drei Wochen lang gibt die edle Südtiroler Frucht im Eisacktaler Kastaniendorf den Ton an. Im Programm enthalten sind Genussmeile, Kochkurse, geführte Törggele-Wanderungen, der Törggele-Markt im Schlosshof Velthurns, der «Niglmarkt» mit bäuerlichen und handwerklichen Besonderheiten und zum Abschluss ein großes Fest am Keschtnigl-Sonntag.

Infos: Tourismusverein Feldthurns,
Simon-Rieder-Platz 2, 39040 Feldthurns,
Tel. 0472 855 290, info@feldthurns.info, www.klausen.it

Bezugsquellen

Schweiz

Erboristi Lendi S.A., 6986 Curio
Tel. 091 606 71 70, www.erboristi.ch

Kastaniennudeln; Kastanienmehl, Kastanienhonig; Kastanienkonfitüre; luftgetrocknete Tessiner Kastanien (ohne Rauchgeschmack); Kastanienflocken.

La Pinca, Tessiner Kastanien-Spezialitäten, Im Schörli 1, 8600 Dübendorf
Tel. 062 754 02 82, info@lapinca.ch, www. lapinca.ch

Kastaniencreme, leicht gesüsst; Honig-Kastaniencreme; Kastaniencreme mit Rum und Kakao; Kastanien gekocht, nature, im Glas; Kastaniennudeln; Kastanien-Penne; Dörrkastanien, luftgetrocknet; Kastanienflocken, kaltgepresst, Kastanienschrot; Kastanienguetzli; Kastanienpralinen; Kastanientorte; Tessiner Kastanienhonig; Kastanienbier.

Brauerei Locher AG, 9050 Appenzell
Tel. 071 788 01 40, info@appenzellerbier,
www.appenzellerbier.ch

Kastanienbier – Vertrieb über verschiedene Getränkehändler in der ganzen Schweiz.

Pasticceria Caffè Negozio Salis, Villagio 9, 7608 Castasegna
Tel. 081 822 18 86, conf.salis@bluewin.ch,
www.pasticceria-salis.ch

Bergeller Kastanientorte (Swiss Backery Trophy Silbermedaille 2006); Kastanieneis und Kastanienguetzli; Kastaniencreme; Kastaniennudeln, Dörrkastanien, Kastanienmehl, Kastanienhonig; Kastanienbier.

Meier-Beck AG, Via Veglia 99, 7536 Sta. Maria
Tel. 081 858 51 16, www.meierbeck.ch

Fuatscha da Marruns - glutenfreier Marronikuchen im Weckglas (lange haltbar, ohne Zusatzstoffe und Geschmacksverstärker), erhältlich u.a. auch bei Grossverteilern wie Reformhaus Müller, Coop, Egli AG und Globus.

Kastanienbäume für den eigenen Garten
Die vier von der Eidgenössischen Forschungsanstalt für Obst-, Wein- und Gartenbau (FAW) in Wädenswil (ZH) geprüften Kastaniensorten sind bei den Baumschulen Hauenstein AG, 8197 Rafz, erhältlich. Veredelte Kastanienbäumchen verkauft ebenfalls die Baumschule Dové, 6030 Ebikon.

Produkte aus Kastanienholz

Segheria alla Coletta, Ticinoro SA, 6662 Russo,
041 43 810 16 31, info@ticinoro.ch, www.ticinoro.ch

Gesamtschweizerische Lieferung von Stangenhölzern und anwendungsfertiger Hobelware. Kastanienholz als ökologisch sinnvolle, ökonomisch attraktive Alternative zu Tropenhölzern: dauerhaft, geringes Schwindverhalten und regelmäßige Dichte. Auch ohne chemischen Holzschutz bestens geeignet für Gartenmöbel, Spielplatzgeräte, Wasser- und Rebbau, Lawinenverbauungen, Schallschutzwände sowie für den gesamten Hausbau, Fassaden, Außenböden, Möbel sowie Parkettböden.

Kastanienbank, Holzprodukte für Garten und Landschaft
Burgstraße 45, 6331 Hünenberg, Tel. 041 781 34 09
info@kastanienbank.ch, www.kastanienbank.ch

KastanienHolz
Via delle Cave 19 c, 6532 Castione, Tel. 091 829 00 07,
holz@kastanienholz.ch, www.kastanienholz.ch

Kastanienzäune Bucher
Kleinfeldstr. 42, 6233 Büron, info@kastanienzaeune-bucher.ch,
www.kastanienzaeune-bucher.ch

Castagnostyle GmbH
Via ai Forestali 10, 6807 Taverne, Tel. 091 945 08 55,
info@castagnostyle.ch, www.castagnostyle.ch

Deutschland

Govinda Natur GmbH
Versandhandel, Dieselstr. 13 a, 67141 Neuhofen
Tel. 062 36 – 50 98 40
info@govindanatur.de, www.govinda-natur.de

Mehl, Flocken, Pfannkuchen-Mix

Hollerbusch – Pfälzer Kostbarkeiten
Ladengeschäft und Online-Shop, Turnstraße 12 a,
76846 Hauenstein, Tel. 063 92 – 58 72 68,
info@hollerbusch-pfalz.de, www.hollerbuch-pfalz.de

Vom «Keschdebliedesirub» (Kastanienblütensirup) bis zum Pfälzer Kastanien-Senf. Besonders und regional.

Österreich

Verein D'Kästnklauba,
s. Kastanienfest Klostermarienberg
Bestellungen über Obstbau Plemenschits,
7444 Klostermarienberg, www.kastanienfest.at

Knödel, Schokolade, Honig, Likör, Backwaren, Püree uvm.

Wichtige Adressen

Schweiz

Eidg. Forschungsanstalt für Wald, Schnee und Landschaft
Eidg. Forschungsanstalt WSL, Standort Birmensdorf:
Zürcherstr. 111, 8903 Birmensdorf,
Tel. 044 739 21 11, wslinfo@wsl.ch

Istituto federale di ricerca WSL, Standort Cadenazzo:
Ramél 18, 6593 Cadenazzo,
Tel. 091 821 52 30, info.cadenazzo@wsl.ch

Agroscope Changins-Wädenswil ACW
ACW Forschungszentrum Wädenswil: Postfach 185,
8820 Wädenswil, Tel. 044 783 61 11, Fax 044 780 63 41;
info@faw.admin.ch, www.faw.ch

ACW Forschungszentrum Cadenazzo: Ramél 18,
6593 Cadenazzo, Tel. 058 466 00 30

Fördervereine

IG Pro Kastanie Zentralschweiz
Reuss-Straße 4, 6038 Gisikon, Tel. 041 450 21 38,
rigi-rondell@dplanet.ch, www.kastanien.net

Pro Kastanie Murg
Siten, 8877 Murg, Tel. 081 738 23 48;
www.kastaniendorf.ch

Groupement Chablaisien des Propriétaires des Châtaigneraies 9CPC
Chemin des Acacias 12, 1890 St-Maurice,
contact@castanea.ch, www.castanea.ch

Associazione dei castanicoltori della Svizzera italiana
Tel. 091 610 16 30
info@regionemalcantone.ch, www.regionemalcantone.ch

Deutschland

Interessengemeinschaft (IG) Edelkastanie
c/o Stiftung Wald in Not
Godesberger Allee 142–148, 53175 Bonn,
info@ig-edelkastanie.de, www.ig-edelkastanie.de

Nützliches, Wissenswertes rund um die Edelkastanie, Links zu Festen, Vereinen und Wanderwegen

Register

P

R

S

Sch

T

V

W

Z